中国古代冰雪文化丛书

任昳霏 著
By Ren Yifei

On the Origin of
Ice-Sports

北京出版集团
北京出版社

图书在版编目（CIP）数据

冰嬉溯源 / 任昳霏著. — 北京：北京出版社，2020.12
（中国古代冰雪文化丛书）
ISBN 978-7-200-15484-9

Ⅰ.①冰… Ⅱ.①任… Ⅲ.①冰上运动—体育运动史—中国—古代 Ⅳ.①G862.092

中国版本图书馆 CIP 数据核字（2020）第 040726 号

中国古代冰雪文化丛书
冰嬉溯源
BINGXI SUYUAN

任昳霏 著

*

北 京 出 版 集 团　出版
北 京 出 版 社

（北京北三环中路 6 号）
邮政编码：100120

网　址：www.bph.com.cn
北 京 出 版 集 团 总 发 行
新 华 书 店 经 销
北京博海升彩色印刷有限公司印刷

*

787 毫米 ×1092 毫米　16 开本　13 印张　168 千字
2020 年 12 月第 1 版　2020 年 12 月第 1 次印刷
ISBN 978-7-200-15484-9
定价：98.00 元
如有印装质量问题，由本社负责调换
质量监督电话：010-58572393
责任编辑电话：010-58572757

前　言

过了冬至节气，便是数九。数九寒冬，北方的水面早已结冰，宛如镜面。不甘寂寞的人们走到室外，奔向冰场，寻找属于冬天的乐趣。在北海琼岛之南的冰面上，一群身穿八旗盛装的健儿在进行冰嬉表演，引来游人驻足围观。西苑太液池曾是清代冰嬉盛典最主要的活动场地。如今，古老的冰嬉仿佛多年未见的老友，重新焕发活力，让人们有幸领略清代皇家冰嬉的盛况。

从清乾隆十年（1745）开始，一到数九，冰嬉盛典就在太液池不定期上演。当时宫廷画师绘制了《冰嬉图》[①]，为我们展现了皇家"冰嬉盛典"[②]的盛大场景：西华门外太液池上，群臣簇拥着皇帝的冰辇，齐观冰嬉。参加冰嬉表演的八旗健儿分列冰上，阵势宏大，技艺娴熟，令人印象深刻。历史上没有哪个朝代如此重视冬季冰上运动，也

[①]［清］金昆、程志道、福隆安等绘：《冰嬉图》，绢本，设色，纵35厘米，横578.8厘米，故宫博物院藏。

[②]［清］于敏中：《国朝宫史》，《近代中国史料丛刊》第五十四辑，文海出版社，1966年，907页。《国朝宫史》卷二十四《书籍三》记载："国俗旧有冰嬉，以肄武事。皇上率循旧典，爰于每岁冰坚之候，于太液池聚八旗武士陈之。"

没有哪个朝代把冰上运动发展到如此大的规模,更没有哪个朝代把冰上运动定义到如此高的规制。冰嬉被乾隆皇帝钦定为"国俗",并形成冬季不定期的阅示制度,每年依制举行。此后,冰嬉盛典延续至嘉道两朝,并在道光年间中断。后来,在光绪年间,皇家冰嬉盛典曾短暂重现。但随着清朝国力衰落,皇家冰嬉盛典最终走向没落。清代皇家冰嬉盛典的举行影响到民间,带动了民间冰上运动和冰上娱乐的发展。清末民初,冰上运动成为百姓追求时尚的生活方式。此时冰嬉已经成为各种冰上运动项目的泛称。

其实,中国很早就形成了冰上运动的传统。中国传统的冰上运动来源于生活在北方高寒地区人们的生产生活方式。在冰雪环境中,人们发明了古老的滑冰工具。随着北方民族入主中原,古老的冰上运动传统很快就与国家政权的兴衰存亡密切相关。冰嬉作为古代冰上运动的成熟形态,伴随着清王朝的形成、发展、壮大直至衰落的全过程。经过几百年的历史积淀,中国大地形成了独特的冰上运动传统。这与欧洲形成的冰雪传统大相径庭。现代冬季奥林匹克运动会追求更高、更快、更强的竞技精神,从来不是中国冰上运动的主流。相比之下,中国重礼乐、崇旧俗、尚政治的冰上典礼却有着悠久的历史,有着更深的内涵。因此,探寻中国传统冰上运动的内核,就必须深入了解中国冰上运动的起源与形成过程。

清代冰嬉盛典是中国古代冰上运动的最高级别,所以探讨冰嬉起源对于我们了解中国冰上运动的核心精神、古代冰上运动的历史,以及冰上运动之于政治、礼制、军事、外交等方面的影响都具有十分重要的意义。基于这些原因,本书从自然地理、生产生活、军事战争、政治制度、民族民俗等方面,寻找冰嬉起源的历史基础。值2022年北京冬季奥运会即将到来之际,期望有关冰嬉溯源的探讨为中国传统冰上运动的宣传推广提供有效支撑。

目 录

第一章　冰嬉起源的核心问题 / 001
第一节　冰嬉起源的时间 / 003
第二节　冰嬉起源的地域 / 013
第三节　冰嬉的内涵和外延 / 015
第四节　概念界定 / 020

第二章　冰嬉起源的自然地理基础 / 023
第一节　东北地区的自然地理环境 / 025
第二节　女真（满洲）所在地域的自然地理环境 / 027

第三章　冰嬉起源的生产生活基础 / 035
第一节　北方民族冰雪活动的历史 / 037
第二节　北方民族冰雪用具述考 / 044
第三节　农耕民族冰雪用具述考 / 054
第四节　满洲先民冰雪活动的历史 / 063

第四章　冰嬉起源的军事基础 / 071
第一节　冰嬉与骑射 / 075
第二节　冰嬉与军礼 / 081
第三节　冰嬉与实战 / 085

第五章　冰嬉起源的项目基础 / 091
第一节　天命十年太子河畔跑冰戏 / 093
第二节　崇德七年浑河河畔"蹴鞠之戏"与"踢形头" / 102
第三节　乾隆十年冰嬉盛典的项目溯源 / 111

第六章　冰嬉起源的制度基础 / 123
第一节　后金时期都城迁徙与冰嬉制度的雏形 / 125
第二节　乾隆时期冰嬉制度的记载与制度溯源 / 128
第三节　冰嬉盛典礼乐、庆典和外交制度溯源 / 134

第七章　冰嬉起源的民族基础 / 141
第一节　后金建立之前的女真诸部 / 143
第二节　后金时期女真诸部的整合 / 145
第三节　满　洲 / 148

第八章　冰嬉起源的民俗基础 / 151
第一节　满洲先民善冰雪的传说 / 153
第二节　《两世罕王传》中冰嬉起源的传说 / 161
第三节　与冰嬉有关的民歌 / 179
第四节　与冰嬉有关的民间艺术 / 184

结语 / 188

参考文献 / 190

后记 / 198

第一章 冰嬉起源的核心问题

探讨冰嬉的起源要解决3个核心问题：第一是冰嬉起源的大致时间，第二是冰嬉起源的地域范围，第三是冰嬉的内涵和外延。

第一节　冰嬉起源的时间

目前，关于冰嬉起源的时间，学术界的观点大致可以分为隋唐起源说、宋代起源说、明代起源说和清代起源说4种。

1. 隋唐起源说

隋唐起源说主要来自于《中国少数民族传统体育大全》一书。《中国少数民族传统体育大全》总结学术界对冰嬉起源的认识，众多学者认为冰嬉起源于隋唐时期，兴盛于清代。[①]《隋书》记载，当时北方的室韦人在积雪处狩猎"骑木而行"，《新唐书》记载"乘木逐鹿冰上"，都是冰嬉起源于隋唐的直接证据。冰嬉隋唐起源说的依据，是正史中记载隋唐时期北方少数民族使用工具在冰雪上狩猎的风俗。

---

① 《中国少数民族传统体育大全》编委会编著：《中国少数民族传统体育大全》，辽宁民族出版社，2017年，287页。

那么,"骑木"或者"乘木"是否就是冰嬉呢?笔者认为隋唐时期北方民族冰上狩猎,是冰上运动形成的萌芽时期。这与真正的冰嬉盛典有着本质的区别。隋唐时期,"骑木"或"乘木"都是北方民族狩猎生产方式的体现。这些记载只能说明隋唐时期的先民已经存在冰雪狩猎的风俗,并不能说明冰嬉起源于隋唐时期。

2. 宋代起源说

冰嬉宋代起源说流传极为广泛。在权威辞书[1]、官方体育教材[2]和部分专著[3]中,大都支持冰嬉宋代起源说。另有学者在论文[4]中提到冰嬉起源于宋代的观点。上述资料中,论证冰嬉宋代起源说的依据主要有两条文献:第一条取自《宋史·礼志》,第二条取自《玉海·宫室》。

学者韩丹和张宝强曾分别对《宋史·礼志》"作冰戏"的文献内容质疑并论证。[5]论证理由大致总结如下:第一,1977年中华书局标点本《宋史》和1936年商务印书馆百衲本《宋史》关于同一文献的记载均为"故事,斋宿必御楼警严,幸后苑观花,作水戏,至是悉罢之"。第二,参照《文献通考》和《宋会要辑稿》,与《宋史·礼志》相关的记载均为"水戏"。第三,《宋史·礼志》"作冰戏"的说法

---

[1] 夏征农、陈至立主编:《辞海》"冰上运动"词条,上海辞书出版社,2010年,270页。《体育词典》编辑委员会编:《体育词典》,上海辞书出版社,1984年。

[2] 周西宽主编:《体育史》,人民体育出版社,1989年国家体育总局体育文化发展中心。中国滑冰协会编:《中国滑冰运动史》,武汉出版社,2006年。

[3] 毛宪民编:《深宫消闲术》,中央民族大学出版社,1994年。

[4] 李芬兰:《"冰嬉"运动源流论》,《学理论》2015年9期,110—111页。

[5] 韩丹:《宋代无冰嬉辨》,《哈尔滨体育学院学报》1991年1期,20—22页。韩丹:《宋代有冰嬉是讹传》,《体育文史》1991年2期,74—75页。张宝强:《宋代有无冰嬉考》,《2015第十届全国体育科学大会论文摘要汇编(一)》,1050—1051页。张宝强、陈彦:《对"宋代出现冰嬉说"的质疑与辨析》,《南京体育学院学报(社会科学版)》2016年1期,13—17页。

系《通俗编》首次引用之误。第四，观花和"作冰戏"并行，不符合自然规律。另据黄河流域冬季冰封时间范围有限，所以在宋都汴梁城"作冰戏"的可能性极为有限。

笔者认为《宋史·礼志》中，关于"水戏"误写为"冰戏"的论证基本可信。中华书局 1936 年版《辞海》"冰戏"词条年代较早，是后世引用的祖本。该词条提到《宋史·礼志》"幸后苑观花，作冰戏"是冰戏宋代起源说的直接证据。《宋史》是元代官方修订的宋代正史，所用史料能与相关文献相互印证。中华书局标点本《宋史》对同一文献的记载是："故事，斋宿必御楼警严，幸后苑观花，作水戏，至是悉罢之。"二者对照可以发现《辞海》中"冰戏"一词确实由"水戏"

《通俗编》卷三十一《俳优·溜冰》，
清乾隆十六年（1751）无不宜斋本书影

误抄而来。

根据以上认识，冰嬉宋代起源说取自《宋史·礼志》的文献，可以基本断定为误写。

在查证这条文献的过程中，笔者发现了一个清代人对"冰戏"认识的有效信息。根据《通俗编》卷三十一《俳优·溜冰》清乾隆十六年（1751）无不宜斋本记载："溜冰。《宋史·礼志》：'故事，斋宿，幸后苑作冰戏。'按此，即北方溜冰之戏始自宋时。"① 既然"作冰戏"一词有误，清人翟灏据此推断当时北方溜冰之戏起源于宋代的认识也是错误的。翟灏生于康熙五十一年（1712），卒于乾隆五十三年（1788），经历康、雍、乾三朝。虽然溜冰之戏起源于宋代的认识有误，但可以确认的是，在翟灏所生活的时代，"冰戏"一词已成为专有名词，代指北方溜冰之戏。

《玉海·宫室》有关冰嬉的记载，学者李芬兰在《"冰嬉"运动源流论》一文中提出："'冰嬉'一词，最早出现在宋王应麟《玉海·宫室》中，即'《顺宗纪》：侍宴鱼藻宫，张冰嬉彩船（彩舰），宫人为棹歌'。"② 《玉海》是南宋时期王应麟编写的一部大型类书，所记内容涉及经史子集，包罗万象。据《文渊阁四库全书总目》记载："《玉海》二百卷，附《辞学指南》四卷，两江总督采进本。宋王应麟撰，有郑氏周易注。已著录是书分天文、律宪、地理、帝学、圣文、艺文、诏令、礼仪、车服、器用、郊祀、音乐、学校、选举、官制、兵制、朝贡、宫室、食货、兵捷、祥符二十一门。每门各分子目凡二百四十余类。"③

---

① ［清］翟灏：《通俗编》卷三十一《俳优·溜冰》，清乾隆十六年无不宜斋本，13页。

② 李芬兰：《"冰嬉"运动源流论》，《学理论》2015年9期，110—111页。

③ ［清］永瑢、纪昀等：《文渊阁四库全书总目》卷一三五《子部·类书类》，《景印文渊阁四库全书》，台湾商务印书馆，1986年，3—868页。

不过，李芬兰先生所引用的《玉海·宫室》出自《钦定四库全书》版《玉海》卷一百七十一《宫室·唐鱼藻池》中"池类子目"："《德宗旧纪》：贞元十三年七月壬辰，浚湖渠鱼藻池，深五尺。《顺宗纪》：侍宴鱼藻宫，张冰嬉彩舰，宫人为棹歌。"①句后有注"见宫类"，说明鱼藻池子目可与宫类子目参照来看。而查阅《玉海》卷一百五十八《宫室·唐鱼藻宫》中"宫类子目"："《顺宗纪》：为皇太子，尝侍宴鱼藻宫。张水戏彩舰，宫人为棹歌。众乐间发，德宗欢甚，顾太子曰：'今日何如？'太子诵《诗》'好乐无荒'以对。"②其题目后有注"又见池类"，也说明鱼藻池子目可与宫类子目相互参照。不过，鱼藻池子目中的"张冰嬉彩舰"与宫类子目中的"张水戏彩舰"，"嬉""戏"意同，而"冰"与"水"虽仅有一字之差，但意思相差何止千里。同为《钦定四库全书》版竟然说法不同，这当然引起人们的猜测和争议。

其实，这样的情况应该是笔误造成的。南宋王应麟撰写《玉海》，其内容参照或摘录《唐书》。传世《唐书》有两种，即《旧唐书》和《新唐书》。关于唐顺宗侍宴鱼藻宫之事，《旧唐书·顺宗本纪》载："顺宗之为太子也，……尝侍宴鱼藻宫。张水嬉，彩舰雕靡，宫人引舟为棹歌，丝竹间发，德宗欢甚，太子引诗人'好乐无荒'为对。"③《新唐书·顺宗本纪》载："十二月乙卯，立为皇太子，……后侍宴鱼藻宫，张水嬉彩舰，宫人为棹歌，众乐间发，德宗欢甚，顾太子曰：

---

① [宋]王应麟：《玉海》卷一百七十一《宫室·唐鱼藻池》，《文渊阁四库全书电子版》，上海人民出版社，迪志文化出版有限公司，1999年。

② [宋]王应麟：《玉海》卷一百五十八《宫室·唐鱼藻宫》，《文渊阁四库全书电子版》，上海人民出版社，迪志文化出版有限公司，1999年。

③ [后晋]刘昫等：《旧唐书》卷十四《顺宗本纪》，中华书局，1975年，410页。

《钦定四库全书》版《玉海》卷一百五十八《宫室·唐鱼藻宫》书影

《钦定四库全书》版《玉海》卷一百七十一《宫室·唐鱼藻池》书影

'今日何如？'太子诵《诗》'好乐无荒'以为对。"① 由此可见，《玉海》中关于"张冰嬉彩舰"与"张水戏彩舰"之矛盾，或者是王应麟的笔误，或者是《钦定四库全书》抄录时的笔误。总之，"冰嬉"一词为"水嬉"误抄。

其一，各书《顺宗纪》记载的是唐顺宗当皇太子期间在鱼藻宫娱乐宴饮的场景。宫廷宴会中间，水嬉、彩船助兴。宫人演艺棹歌。在歌声乐声之间，唐德宗非常高兴，询问太子感受如何。太子吟诵《诗经》中句子"好乐无荒"来作答。此处，"宫人为棹歌"，"棹"是撑船用的长竿，类似船桨，为水上行船的工具；"棹歌"当是与彩船相关的宫廷诵乐。假设此处为"张冰嬉"，那与彩船、棹歌的意向均不相合。

其二，另据鱼藻宫条注记载："禁苑池中有山，山上建鱼藻宫，在大明宫北。德宗贞元十二年九月癸卯、十三年七月幸。王建诗谓池底张锦亦奢矣。"这条注释说明上述唐德宗年间，德宗游幸鱼藻宫之事发生在贞元十二年（796）九月和贞元十三年（797）七月。无论是这两个时间中的哪一个，都不属于结冰的时令。"张冰嬉"之说显然不合逻辑。

其三，《玉海·宫室》记载可与同时期其他文献记载相对应。此事记载在《旧唐书·顺宗本纪》的原文是："尝侍宴鱼藻宫。张水嬉，采舰雕麈，宫人引舟为棹歌。"②《旧唐书》明确记载此处为"张水嬉"。由此推之，《玉海·宫室》中此事出处也应当是"张水嬉"。

其四，假设《玉海·宫室·唐鱼藻池》记载无误，那么"张冰嬉采舰"之事应该发生在唐德宗年间，而不是广泛流传的宋代起源说。

---

① ［宋］欧阳修、宋祁：《新唐书》卷七《顺宗本纪》，中华书局，1975年，205页。
② ［后晋］刘昫等：《旧唐书》卷十四《顺宗本纪》，中华书局，1975年，410页。

因此，冰嬉宋代起源说的两条支撑文献均是"水嬉"一词的讹传，冰嬉始于宋代宫廷的结论并不成立。

3. 明代起源说

冰嬉明代起源说的依据，主要集中在记载明代宫闱的文献之中。据以往研究，有的学者认为冰嬉在明朝成为宫廷体育活动。《中国大百科全书·体育》"明清体育"词条记载："冰嬉原为北方各地传统的冬季活动。据刘若愚《明宫史》记载，德阳门外的河流至冬冰冻时，可拉拖床，……一人在前引绳，可拉三四人，行冰上如飞。又《燕京岁时记》转引《倚晴阁杂抄》记载，闻明时积水潭尝有好事者联十余床。作为冰上娱乐活动，可见明代的冰嬉中，以冰床活动较为流行。"[①]

冰嬉明代起源说的依据，主要是将冰床作为冰嬉活动的一部分，由此推测冰嬉起源于明代。相关记载大都与冰床有关。除《中国大百科全书·体育》引用的文献之外，明代刘若愚在《酌中志》中记载有京城护城河上使用拖床作为交通工具的情景："至冬冰冻，可拖床。以木板上加交床或藁荐，一人前引绳，可拉二三人，行冰如飞。积雪残云，点缀如画。"[②] 另有冰床成为宫廷游乐活动工具的文献记载。明代刘侗在《帝京景物略》中记载："崇祯癸酉岁，深冬，英国公乘冰床，渡北湖，过银锭桥之观音庵。"[③] 由这两条文献证明，明代拖床作为冬季冰上交通工具，在京师盛行。拖床使用的地点是护城河和什刹

---

① 中国大百科全书总编辑委员会：《中国大百科全书·体育》，中国大百科全书出版社，1998年，210页。

② [明] 刘若愚：《酌中志》卷之十七《大内规制纪略》，北京古籍出版社，1994年，142页。

③ [明] 刘侗、于奕正：《帝京景物略》卷一《城北内外·英国公新园》，古典文学出版社，1957年，6页。

海。此时,拖床不但是民间冰上交通工具,也是皇家贵族游乐出行的工具。

但据此认为冰嬉起源于明朝还是有问题的。笔者认为,拖床的普遍使用与冰嬉的形成有很大区别。冰床作为清代冰嬉盛典中皇帝乘坐的步辇,与冰嬉盛典中的活动项目完全不同。在明代宫廷,没有形成"冰嬉"作为专有名词指代冰上盛典活动,也没有形成以冰上活动为中心的竞技比赛或者庆典活动。所以,明代使用冰床和清代冰嬉盛典无论是内涵还是外延都完全不同。冰床的使用时间不能作为冰嬉起源的时间。因此,冰嬉起源于明代宫廷的说法是不成立的。

4. 清代起源说

冰嬉清代起源说是继宋代起源说之后,最流行的一种观点。清代起源说以罗竹风主编《汉语大词典》中对"冰嬉"的解释所云"清代冰上运动,源于满族习俗"①最具代表。《中国少数民族传统体育大全》在总结冰嬉隋唐起源说之后,同样记录了清代起源说的观点,认为:"隋唐时代的冰嬉只是萌芽阶段,认为冰嬉起源于隋唐时期是对历史资料的误读,冰嬉真正形成发展在清初,繁荣于乾隆时期。"②此外,学者韩丹在论证宋代无冰嬉的说法之后,同样支持冰嬉清代起源说,认为:"冰戏产出于满族,鼎盛于乾隆。"③

关于冰嬉清代起源说,首先要从"冰嬉"一词的来源说起。查阅《钦定四库全书》,发现"冰嬉"一词最早出现在乾隆时期的文献里,并在之后流传开来,直至清末民初。《清宫内务府造办处档案总汇·乾

---

① 罗竹风主编:《汉语大词典》,上海辞书出版社,2008年。
② 《中国少数民族传统体育大全》编委会编著:《中国少数民族传统体育大全》,辽宁民族出版社,2017年,287页。
③ 韩丹:《论我国古代滑冰的巅峰——清代冰嬉活动盛衰考述》,《哈尔滨体育学院学报》1997年1期,5—11页。

隆十一年·画院处》记载:"二月画院处初五日,柏唐阿、张文辉持来员外郎金昆七品官赫达色押帖一件,内开为十年十二月初八,旨著画瀛台冰嬉赋图。钦此。"① 这条文献说明乾隆朝金昆等人绘《冰嬉图》是奉乾隆皇帝圣旨,描绘乾隆十年(1745)腊月初八日冰嬉盛典场景的画作。也就是说冰嬉一词在乾隆十年首次出现在文献之中。说明冰嬉盛典在乾隆朝开创,并形成制度延续下来。

此时,冰嬉项目主要是以宫廷为核心的冰嬉盛典。"冰嬉"之说影响深远,随着时间的推移,冰嬉的内涵和外延都在不断变化。乾隆四十二年(1777),乾隆皇帝生母孝圣宪皇后去世。冰嬉一词,因"嬉"字具有娱乐意味而停用,遂用"冰技"一词代指冰嬉。嘉道年间《清实录》和《起居注》均用"冰技"代指宫廷冰嬉。"冰嬉"一词出现频率明显减少。道光年间,鸦片战争爆发。内忧外患并存的清王朝在道光十九年(1839)腊月二十三日阅示冰技之后,终止延续乾、嘉、道三朝的冰嬉制度。光绪年间,中断多年的冰嬉盛典短暂复兴,但从表演形式到象征意义均与乾隆时期有较大差异。冰嬉盛典随着清王朝的衰落而走向没落。到了清末民初时期,以宫廷为主体的冰嬉盛典不见于史籍,与之相对应的民间冰上娱乐开始兴盛。此时,冰嬉的外延有所扩大。除宫廷冰嬉盛典之外,民间很多冰上运动和娱乐项目也都被称为冰嬉。如果单就冰嬉盛典的历史脉络来看,冰嬉起源于清代,是有据可循的。

---

① 中国第一历史档案馆、香港中文大学文物馆编:《清宫内务府造办处档案总汇 14》,人民出版社,2007 年,411 页。

第二节 冰嬉起源的地域

目前，学术界对于冰嬉起源的探讨集中在起源时间的论证方面，而冰嬉起源的地域范围和流行人群，学术界少有探讨。

根据此前学者对冰嬉起源时间考证的历史文献，可以大致推测冰嬉起源地域和所属人群的不同。支持隋唐起源说的，认为冰嬉起源的地域范围就是北室韦生活的大、小兴安岭之中，流行人群是以北室韦为代表的北方少数民族。这些民族在渔猎的生产活动中发明了冰嬉。支持宋代起源说的，认为冰嬉起源的地点就是宋代宫廷，也就是以东京汴梁为中心的中原地区，冰嬉的流行人群是宫廷贵族。冰嬉是宋代宫廷的娱乐项目。支持明代起源说的，认为冰嬉起源的地点就是明代宫廷，也就是北京城，流行人群是明朝的皇亲国戚。支持清代起源说的，认为冰嬉的起源地点是清代宫廷，流行人群是清朝八旗子弟。

笔者认为探讨冰嬉起源的地域和流行人群，首先要确定冰嬉的内涵和外延，并考证冰嬉的准确起源时间。

目前，关于冰嬉起源的时间说法不一，需要进一步论证。在确定冰嬉的内涵、外延以及起源时间之后，冰嬉起源的地域和流行人群问题就迎刃而解了。

第三节　冰嬉的内涵和外延

清乾隆时期，"冰嬉"是指宫廷特有的冰上运动。到了清末民初，冰嬉已经代指上至宫廷、下到民间的各类冰上运动。冰嬉的外延逐渐扩大，说明冰嬉的影响力在逐步扩大。但探究冰嬉的内涵，就必须要从乾隆皇帝说起。

据乾隆时期编写的民族史地志书《满洲源流考》卷十六《国俗一》记载："国俗一门，首列骑射、冠服，次政教、文字，次祭祀、典礼，次官制、语言，而以物产杂缀终焉。自肃慎以下，比类相从，仍冠满洲于简，端以著旧俗之相符合云。"① 由此可知，在乾隆皇帝钦定冰嬉为国俗之前，可以称为满族国俗的项目包括骑射、冠服、政教、文字、祭祀、典礼、官制、语言、物产、杂缀等。清朝"国俗"必是满族独有的风俗习惯，由满族先民传承而来。清朝"国俗"是区分满族与其他民族的独特风俗，具

---

① [清]阿桂等撰，孙文良、陆玉华点校：《满洲源流考》卷十六《国俗一》，辽宁民族出版社，1988年，304页。

有标志性、符号性、象征性的特征。国俗之所以重要，是因为国俗确定了满洲共同体的核心和灵魂。也可以说，国俗是满洲立国之本。清军入关以后，"国语骑射"成为"国俗"的核心内容。

学术界主流观点认为满洲共同体的形成，以皇太极天聪九年（1635）改族名女真为满洲①为标志。此时，满洲国俗诸项也都基本形成，成为区分满洲与其他民族的特征。满洲共同体的形成得益于以建州女真为核心的女真各部的统一战争，也得益于努尔哈赤创建八旗制度的社会组织，更得益于女真人与明朝乃至其他民族之间的扩张战争。女真内部的统一战争和社会组织的形成，客观上促进了满洲国俗的形成。而在女真对明朝的战争中，满洲的特征逐步强化，固有风俗习惯同样得到强化。

骑射、冠服、满文都是满洲国俗的核心内容。骑射是满族先民女真人在渔猎的生产方式中掌握的必备技能，是最古老的习俗，也是区分满族和汉族的重要标志，所以骑射被尊为国俗之首。冠服代表了秩序，和礼乐制度有着相似的意义，是区分政权内部不同等级的重要参考。努尔哈赤建立后金之后，令八旗贝勒、朝臣穿带披肩领的朝衣，以分臣庶。此后又逐渐完善，形成补服和顶戴制度②，成为清代朝服的标准。政教、文字以满文的形成为例。明万历二十七年（1599），努

---

① "我国原有满洲、哈达、乌喇、叶赫、辉发等名。向者无知之人往往称为诸申。夫诸申之号，乃席北超墨尔根之裔，实与我国无涉。我国建号满洲，统绪绵远，相传奕世。自今以后，一切人等，止称我国满洲原名，不得仍前妄称。"见《清实录·太宗实录》卷二十五，《清实录》第2册，中华书局，1985年，330—331页。

② "贝勒服四爪蟒缎补服，都堂、总兵官、副将服麒麟补服，参将、游击服狮子补服，备御、千总服绣彪之补服。"见中国第一历史档案馆、中国社会科学院历史研究所译注：《满文老档》太祖皇帝第24册，天命六年七月，中华书局，1990年，217页。

尔哈赤命巴克什额尔德尼和噶盖创制国书①，俗称"老满文"。后金天聪六年（1632）皇太极命达海改进老满文，形成明显区别于蒙文的圈点满文。乾隆十三年（1748），又参照汉字篆书创制满文篆字。无论是骑射、冠服，还是满文，都是满洲共同体在形成过程中，由官方确立的，区分满洲与其他民族的核心特征。生活在明末时期的女真人，创制满洲特有的骑射制度、冠服制度和民族文字。这3项国俗，从生产生活、衣食住行和语言上约束了满洲民族共同体，增强了满洲的民族认同感和凝聚力。独特的生产方式、日常生活和语言，营造出天然的环境，在潜移默化中培养满洲族人对本民族文化的认同感与归属感。在满洲国俗形成的阶段，女真（满洲）族人结束原来盲目自在的民族认同过程，转为自觉地塑造民族特征，并主动保护本民族特征的过程。

满洲国俗的形成阶段，要追溯到努尔哈赤统治时期。努尔哈赤已经意识到保持本民族独特性的意义。文献记载皇太极追忆努尔哈赤对本民族的认同。明天启七年（1627），皇太极进攻锦州，曾致袁崇焕书，书中提到努尔哈赤曾说："昔日辽金元不居其国，入处汉地，易世以后，皆成汉俗。"所以皇太极认为最合理的政治格局是"划山海关以西汉人制之，辽河以东我制之，满汉各自为国。"②清军入关以后，顺治皇帝以文治的形象示人，宣传"满汉一家"，从一定程度上缓和了满人和汉人之间的矛盾。康熙时期，满洲统治者开始自觉地控制本民族汉化的过程。随着清朝对汉地的统治越来越稳固，新的问题出现了。满人入关后生活方式与汉人趋同，又普遍接受儒家文化的影响。怎样在长期与汉人相处的过程中不被同化，成为满洲统治者十分

---

① "今我国之语，必译为蒙古语读之，则未习蒙古语者，不能知也。如何以我国之语制字为难，反以习他国之语为易耶。"见《清实录·太祖实录》卷三，《清实录》第1册，中华书局，1986年，44页。

② 《清实录·太宗实录》卷三，《清实录》第2册，中华书局，1985年，42页。

重视的问题。

在这样的历史背景之下，保持满人固有的生活习惯成为清朝立国的核心任务。"首崇满洲"是为了保持满洲独特性而制定的根本国策，内容包括清军入关前以国语、骑射为核心的旧制，也包括入关后对满洲起源地、满洲旧俗的保护等方面。康熙中期以后，国语、骑射为核心的满洲文化衰退逐渐显现。乾隆时期，八旗军战斗力退化，相对绿营已难有优势。满语也逐渐被汉文取代。[①] 国语、骑射是国俗，是满洲区别于其他民族的重要特征。乾隆时期，满洲国俗全面衰退的现象几乎无法遏制，这令乾隆皇帝极为焦虑。为此，乾隆皇帝制定了一系列恢复国俗的办法。第一就是加强八旗骑射训练。率先垂范，演习骑射；刊刻立碑，宣扬旧制；宗室子弟封爵需考骑射；八旗子弟骑射生疏者不准应试。第二是挽救满语。多次下旨满洲人学习国语；扩大国语使用范围，公文满汉合璧；强化宗学和八旗官学的满语教育；钦定新清语，出版一系列满文工具书，如《御制增订清文鉴》《钦定清汉对音字式》等。

在乾隆皇帝极力挽救满洲国俗的背景下，"冰嬉"在乾隆年间被钦定为"国俗"，显然不是偶一为之，而是乾隆皇帝强力恢复满洲旧俗的既定动作。入关的满洲后人集体学习"满洲之旧道"。冰嬉既反映了满洲善冰雪的旧俗，又兼顾军事、生产和冬季娱乐等多方面的功能。冰上骑射与冰上嬉戏承载了满洲人对祖先生活的共同记忆，是保持满洲共同体的典型特征。冰嬉满足成为满洲国俗的所有条件。所以，乾隆时期将冰嬉追加为国俗是顺理成章的事情。乾隆时期冰嬉活动由八旗子弟参加，所设项目包括抢等、抢球、转龙射球等。抢等，实际

---

① "近日在南苑，侍卫、官员、兵丁俱说汉话。"见《清实录·高宗实录》卷一七三，中华书局，1985年，乾隆七年八月下，15页。八旗子弟"习汉书，入汉俗，渐忘我满洲旧俗"。见《清实录·高宗实录》卷一八一，乾隆七年十二月下，《清实录》第11册，中华书局，1985年，12页。

上就是速滑竞技，反映白山黑水间满洲先民滑冰狩猎的风俗。抢球由满洲"踢熊头"旧俗演变而来，代表着狩猎后的欢庆活动。转龙射球是把骑射中的射箭融入冰上运动之中，是冬季骑射训练的一部分。因此，冰嬉不但是满洲区分于其他民族的独特习俗，而且还是国俗中最为重要的组成部分，重要程度与骑射相当。然而，乾隆皇帝挽救国俗的努力最终敌不过历史大势。以"国语、骑射"为代表的满洲传统文化习俗逐渐远离人们的日常生活，在统治者刻意强化的背景下，逐渐转化为满洲人共同的历史回忆。

由乾隆皇帝钦定冰嬉为国俗一事向前追溯，探索冰嬉盛典的起源必定要追溯到满族的起源和形成阶段。如果不是满族及其先民的历史活动，就不是冰嬉的源头。这一点是由冰嬉被确定为满族国俗的性质而决定的。冰嬉和其他国俗一样，是区分满族与其他民族不同的风俗，具有标志性、符号性、象征性的特征。

第四节　概念界定

根据上述分析，本节总结冰嬉的定义，确定冰嬉的内涵和外延。冰嬉，亦称冰戏、冰技，是指萌芽于中国古代北方民族的冬季生产生活实践，形成于明末清初的传统冰上运动形式，包含多种运动项目。乾隆年间，冰嬉被乾隆皇帝钦定为"国俗"，形成每年阅视的冰嬉制度。冰嬉一词被宫廷和民间广泛接受，逐渐成为中国北方冰上运动的总称。

根据冰嬉组织者和参与者的不同，冰嬉可分为宫廷冰嬉和民间冰嬉两种。在清朝宫廷之内，根据冰嬉活动的目的不同，又可分为冰嬉盛典和冰嬉娱乐。"冰嬉"一词起源于乾隆年间，乾嘉二朝，每年阅视冰嬉成为常例。道光中后期，宫廷冰嬉活动逐渐衰退以至取消。光绪年间，宫廷冰嬉盛典又曾短暂恢复。清末民初，随着西方现代冰上运动的进入，"冰嬉"一词渐渐被"溜冰""滑冰""冰上运动"等词取代。

探讨冰嬉源头之前，我们还要明确满族、满洲、女真、后金等重要历史概念。

满洲的称谓,在不同历史时期代表了不同的含义。"满洲"是有明确历史记载的概念。满洲一词由皇太极提出。据《清实录》记载:"我国原有满洲、哈达、乌喇、叶赫、辉发等名。向者无知之人往往称为诸申。夫诸申之号,乃席北超墨尔根之裔,实与我国无涉。我国建号满洲,统绪绵远,相传奕世。自今以后,一切人等,止称我国满洲原名,不得仍前妄称。"[①] 根据这段文献,满洲应该是皇太极建国时改的族名。在新的政权之下,满洲逐渐演变成新的民族共同体的代名词,同时又是新的国家认同标准。清军入关以后,满洲的概念一直在不断变化。乾隆时期编纂的《八旗满洲氏族通谱》是清代官方认定"满洲"的组成部分。可见,乾隆时期认定的满洲,与皇太极时期已经有很大区别。此时,满洲是清朝统治者的自称。"首崇满洲"中的"满洲",应该就是这个含义。

努尔哈赤在女真人原有的社会组织牛录的基础上,创建了新的社会组织——八旗制度。凡是在八旗制度管理下的成员,都称为"旗人"。随着依附八旗的人员逐渐增多,旗人的构成越来越复杂。满洲八旗、蒙古八旗、汉军八旗、内务府包衣等均属旗人范围之内。清军入关,旗人与汉人有着明显的待遇差别,这增强了旗人的身份认同感。旗人逐渐成为稳定的民族共同体的代名词。

近代以来,"民族"一词传入中国,满族一词开始出现。满族从近代到新中国成立期间,曾经指代不同的人群。现在的满族,是在新中国民族识别后,确定为 56 个民族之一的民族共同体。现在的满族,与清代的旗人构成已经有着巨大的区别。但满族的历史与清朝、后金的历史,乃至更早时期靺鞨、女真的历史一脉相承,不能分割。

---

① 《清实录·太宗实录》卷二十五,《清实录》第 2 册,中华书局,1985 年,330—331 页。

女真是历史上生活在我国东北地区的重要北方民族。"女真"一词最早见于唐初,一直使用到皇太极改族名满洲之前。女真人与肃慎、挹娄、勿吉、靺鞨有历史渊源关系。女真人在完颜阿骨打的带领下建立了金朝。金朝灭亡之后,女真人进入重新整合时期。努尔哈赤建立后金政权,女真人重新回到历史舞台中央。

后金是天命元年(1616)努尔哈赤以建州女真为核心在赫图阿拉城建立的政权,史称"后金"。崇德元年(1636)皇太极改国号为"清",后金国号停止使用。后金是清朝的前身,清朝很多制度源自后金,因此,后金时期是探索冰嬉起源最重要的时间范围。

第二章

冰嬉起源的自然地理基础

第一节　东北地区的自然地理环境

现在所指的东北地区包括黑龙江、吉林、辽宁三省和内蒙古自治区的东部五盟市。历史上，东北是一个不断变化的地理概念，经常在文献中出现。"东北"一词，最早见于《周礼·职方氏》，原文记载："东北曰幽州，其山镇曰医无闾。"① 这里的"东北"其实是方位的概念，并没有指代一个明确的地理区域。辽代崛起，统治了蒙古高原和现在东北地区的大片土地，并在泰州设东北路招讨司②。从此，东北作为地方区划的概念开始形成，并沿用至今。

东北地区东部有长白山脉、乌苏里江、图们江和鸭绿江，北部是小兴安岭和黑龙江，西部是大兴安岭，南部是

---

① [清]孙诒让：《周礼正义》卷六十四，中华书局，1987年，2672页。

② [元]脱脱等：《辽史》卷三十五《兵卫志中》，中华书局，1974年，410页。根据《辽史·兵卫志》载：北府凡二十八部，包括东北路招讨司、东北路统军司等。

燕山山脉。这些山脉和河流将东北地区天然分割成一个相对独立的自然地理区域。在这个独立空间之内,是辽阔的东北平原。东北平原是由在松花江、嫩江、辽河等诸多河流的冲积下形成的三江、松嫩、辽河3个小平原组成的。大兴安岭西侧是科尔沁和呼伦贝尔草原。辽西医巫闾山、松岭和辽东千山山脉组成浅丘陵的区域环境。辽东半岛漫长的海岸线和天然港湾,是东北地区与外界联系的重要通道。东北地区涵盖多种地形地貌类型。多样的地表植被,丰富的森林和水系,为人类活动的多样性奠定环境基础。在多彩的自然环境中,人类更容易产生不同的生产类型和生活方式。

东北地区自南向北跨越纬度较大,地理区域分属中温带和寒温带。气候属于典型的温带季风气候。夏季,来自西太平洋的东南季风带来丰富的水汽,炎热多雨。大面积的森林水系可以储存更多的降水。高温高湿的环境非常有利于植物成长,这里植被茂密,自然资源丰富,农业发达。相对有利于农作物生长的自然环境,令人们可以选择在这个区域长期定居,开展农耕和渔猎。多样的自然环境带来多样的生产方式。多样的生产方式又成为东北地区民族兴盛的经济基础。冬季,形成于西伯利亚和蒙古高原的寒冷高压南下,带来典型的大陆气团,整个东北地区寒冷干燥。这样的气候环境有利于河网结冰,冻土形成。长期的寒冷环境给东北带来更长的结冰期和降雪期。大约从11月到次年3月,河流和湖泊冻结,北部黑龙江流域冰盖层持续达半年之久。在建州女真生活的辽河和鸭绿江流域,每年冰冻期在100天以上。冰期时间长,冰层厚度足以承载人们的冰上活动和车马往来。这为东北地区开展冰雪运动创造了得天独厚的地缘优势。这里的民族在衣食住行方面都深受自然环境影响。漫长的冬季,农业活动无法正常进行。人们为了生存,需要走上积雪覆盖的山林,狩猎砍柴;开凿冰冻三尺的河流,捕捞河鲜。渔猎经济离不开白山黑水的自然环境,也是冰雪运动产生的生产生活基础。

第二节 女真（满洲）所在地域的自然地理环境

东北地区被山脉和水系分割成为一个独立的地理单元。在这一区域内，地形、气候、水文、景观等条件显现出一致性的特征。此外，东北地区地域辽阔，高纬度和中纬度、平原和山地、内陆和沿海都显现出独特的地理特征。所以，在具体考察冰嬉起源地域之前，首先要对东北地区划分不同的地理小区。参考以往的自然地理分区结果，东北地区可以划分为 7 个小区①，包括：热河高地（辽西山地和大兴安岭南端）、黑龙江山区、东部山地、辽东半岛、东北平原、松花江下游平原、北兴凯湖平原。其中，北部的黑龙江山区处于高纬度高寒地带，不适宜大规模人类居住，也不易形成成熟的社会组织。南部辽西山地和辽东半岛是通向华北的水陆通道，在航海技术不是很

---

① ［苏］Э.M. 莫扎也夫、张荣祖：《中国东北自然地理区》，《地理科学进展》1957 年 4 期，212—221 页。

发达的情况下,选取陆路,西行辽西走廊是大多数人的选择。东部山地、平原、松花江下游至黑龙江、乌苏里江流域是明代女真人的活动范围。其中辽东地区是建州女真统一女真各部之后首先扩张的区域,也是南下中原的后方基地。

肃慎、秽貊、东胡是生活在东北地区最古老的三大族系。满洲的祖先肃慎系民族,传说在先秦时期就在东北地区生活。肃慎大致分布在现在长白山以北,西至松嫩平原,北至黑龙江中下游的广大地区。汉魏时期肃慎称挹娄。南北朝时期称勿吉。隋唐时期称靺鞨。靺鞨分七部,其中粟末靺鞨部建立渤海国。女真起源于七部中的黑水部。此后,以完颜阿骨打为首领的完颜部逐步统一女真各部,吸收部分渤海国遗民,建立金朝。明代女真人主要活动在"东滨海,西接兀良哈,南邻朝鲜,北至奴儿干、北海"的区域内,分为建州、海西、野人三部。明末,建州女真以浑河流域为中心,分布范围南至鸭绿江江口,东到长白山东麓。海西女真分布在辉发河流域,北至松花江中游。野人女真分布在松花江下游至黑龙江、乌苏里江流域。建州女真在统一女真各部的过程中,逐步融合了海西女真和野人女真。满洲又是在建州女真统一各部的基础上发展而来的。

根据竺可桢《中国近五千年来气候变迁的初步研究》一文指出,1400—1900年间,特别是15—19世纪,中国进入小冰期。[1]其中最寒冷的时期是在17世纪,特别是1650—1700年为最冷。17世纪中叶,冬季平均气温要比现在低2℃。建州女真兴起的时间范围正好处于17世纪最寒冷的小冰期。这样的气候条件,意味着女真人生活的环境有着更长的冬季、更久的冰期。这样的气候环境带给女真人更丰富的冰雪生活经验。另据赵小龙在《气候和农业经济因素下的后金(清)

---

[1] 竺可桢:《中国近五千年来气候变迁的初步研究》,《考古学报》1972年1期,12—38页。

的崛起》一文中提出，1550—1700年的东北地区的气候是明显的湿润期。[①] 在全国普遍小冰期的气候环境之下，东北地区的气候环境比中原地区要好，湿润的气候为发展农业提供良好环境，稳定的农业生产是塑造新生政权的基础，更是新政权创造优质冰雪环境的经济基础。

在东北地区范围之内，地形地貌近似的情况下，较低纬度地区相比高纬度，自然环境更适于人类生产生活，也更有利于人口聚集，更容易产生相对成熟的政治体制和管理体制。此外，较低纬度地区与中原山水相连，沟通便利。冰嬉的形成基于满洲逐渐壮大的历史事实。了解满洲形成过程中所处的自然地理小区，更有利于我们了解冰嬉起源的地理环境。

1. 以赫图阿拉城为中心

从满洲兴起的过程来看，建州女真的生活区域是论证的重点。从自然地理分区上看，浑河流域是建州女真生活的中心。这里既不是传统的东部山地，也不是典型的东北平原，而属于长白山余脉向辽河平原过渡的丘陵地带。这个区域大部分属于现在抚顺市的下辖范围，浑河及其支流蜿蜒而过。

浑河发源于抚顺市清原满族自治县长白山余脉滚马岭，流经清原、新宾、抚顺、沈阳、辽阳、海城等地。其中清原至沈阳段是浑河的中上游。这里是建州女真生活的核心区。浑河流域山丘区占总流域面积的65%，平原占35%。主要支流西岸有英额河、章党河、万泉河、细河和蒲河等；东岸有苏子河、萨尔浒河、社河、东洲河、古城子河、拉古河、白塔堡河等，支流多集中在中上游河段。苏子河是建州女真的母亲河。建州女真生活区域的另一条重要河流是太子河。太子河有

[①] 赵小龙：《气候和农业经济因素下的后金（清）的崛起》，陕西师范大学硕士学位论文，2016年。

两个源头,北支源头在新宾鸿雁沟,南支在本溪草帽顶子山麓。两支源头在本溪境内汇合,向西流至辽阳。浑河干流和太子河在海城汇合,由营口入海。浑河、太子河中上游,支流密布、河网纵横。这为建州女真的农业生产提供了得天独厚的条件,也是他们开展冰上活动的自然基础。这一区域处在汉族生活区和传统北方民族生活区的过渡地带。所以,建州女真既熟悉北方民族的生活方式,又了解传统汉地的经济文化。这一区域既可以发展农耕经济,又可以保持渔猎经济的传统。军事方面,山地平原交会的地形,进可攻东北平原,退可守长白山山林。这样的气候环境,春夏农忙时节可以开展农业生产;秋冬农闲时节可以进行军事训练,开展娱乐活动。建州女真亦兵亦民的社会组织形式在这样的地理环境下自然形成了。

赫图阿拉城是后金政权活动的中心,也是努尔哈赤统一女真诸部的大本营。赫图阿拉城周围的自然地理环境十分有利于冰雪运动的开

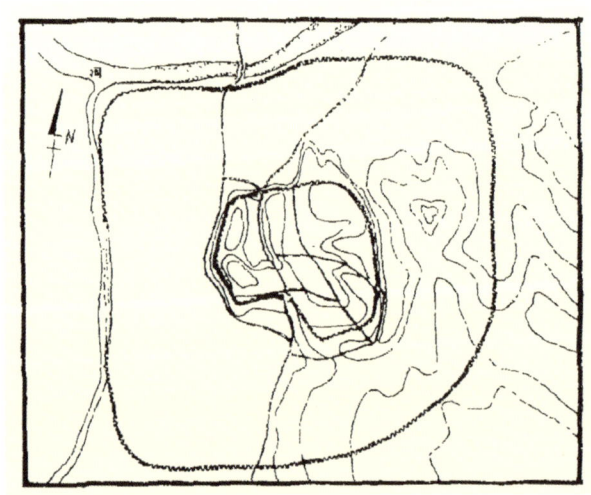

赫图阿拉城的城址地形图[①]

[①] 李向东、温树璠:《赫图阿拉城形态研究》,《辽海文物学刊》1996 年 1 期,117 页。

展。赫图阿拉城位于新宾满族自治县永陵镇东 4 公里的苏子河南岸。这里处于辽东中部山区，长白山西麓山脉南缘。城址分为内外城两部分，其中内城坐落在山腰向北延伸的台地上，城墙沿台地边缘砌筑。在建立内城之后，又筑外城环绕内城。整座赫图阿拉城背靠羊鼻山，面对苏子河。城址由山水封闭，形成天然屏障。这样的山城选址多出于军事防御上的考虑。背山面水的自然地形，同样是开展冰雪运动的绝佳条件。环绕赫图阿拉城西、北两侧的河道，成为开展冰上运动的绝佳场地。

赫图阿拉城虽然是一座山城，但却是四通八达的交通要塞。从城址向西，经木奇、上夹河、萨尔浒，就可到抚顺城；向西南，经榆树，可至清河城；向东南，经宽甸，可至朝鲜；向东，经集安，可连接朝鲜半岛交通要道；向北，可直入哈达部、叶赫部腹地。赫图阿拉城成为努尔哈赤统一女真、进攻朝鲜、抗击明朝的大本营。同样，四通八达的赫图阿拉城为冰雪风俗的传播提供了可靠路径。在建州女真与其他女真各部、朝鲜和明朝的交流战争中，善冰雪活动的旧俗也随之传播开来。

2. 以辽阳为中心

后金天命四年（1619），在努尔哈赤带领下，建州女真完成对女真诸部的统一，并南下与明政权展开大规模战争。辽东是后金与明朝首先争夺的区域。

辽东一般泛指下辽河以东的地区。辽东地区以辽阳为中心，向西经辽河平原就是辽西山地；向东是长白山余脉、千山山脉和鸭绿江；向北就是广袤的东北平原；向南是辽东半岛。与辽北相比，以辽阳为中心的辽东地区，虽然仍处在山地向平原过渡的地带，但明显平原占据主体。辽阳是辽东半岛南段直通东北腹地南北交通线与辽西走廊通向东部山地和朝鲜半岛交通线的交会点，也是浑河与太子河冲积平原的核心区域。这样的地理环境,使得辽阳具有重要的战略意义。以辽阳为中心,可西入华北平原,东进朝鲜半岛,北上东北腹地,南下大海。这里属于中纬度山地和平原交会地带,冰雪季比高纬度短,自然资源丰富,水源充沛,农业发达。处于军事防御的时候,又可以退守辽东山地,借助太子河和山地的天然屏障,抵御外敌。

后金天命六年(1621),努尔哈赤占领明朝辽东都司所在的辽阳城,并迁都辽阳。同年,努尔哈赤在太子河东岸建新辽阳城,称为东京城,并在次年迁都东京城。辽阳城的选址与赫图阿拉有诸多相似之处。辽阳东侧是千山山脉,西侧是辽河平原。《辽东志》记载:"(太子河)一名东梁河,又名大梁水,源出斡罗山。西流五百里,至都司城,东北五里许,折而西南流,入浑河,合为小口,会辽河,入于

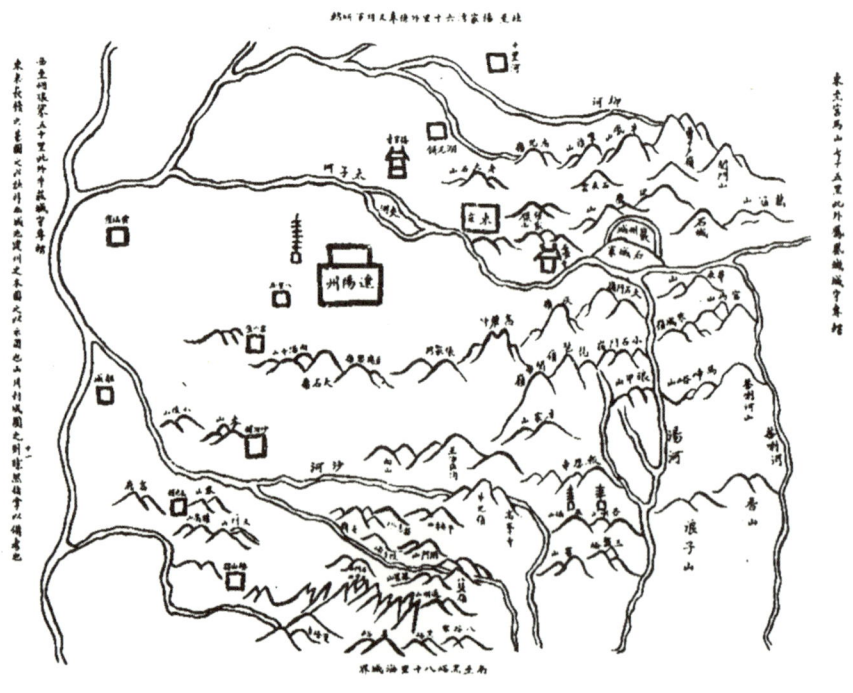

明代辽阳城与新建东京城①

---

① [清]杨镳纂修:《辽阳州志》,《辽海丛书》,辽海书社,1934年,6页。

海。"① 也就是说明代辽阳城地理位置东靠群山，三面环水。相对封闭的自然环境是辽阳城军事防御的天然屏障。新东京城选址在山腰台地上，东是韩家碴山，北是老大台山，西南方太子河蜿蜒而过。无论是旧城还是新城，辽阳城背山面水的地形地貌都为冰雪运动的开展创造了条件。

天命十年（1625）努尔哈赤迁都沈阳。天聪八年（1634）皇太极改沈阳为"盛京"。盛京城处于辽河平原中部，辽河在城北、浑河在城东南。盛京城虽然无险可守，但河流水系发达。《清实录》记载努尔哈赤迁都沈阳的原因是："沈阳形胜之地，西征明由都尔鼻渡辽河，路直且近。北征蒙古二三日可至。南征朝鲜可由清河路以进。且于浑河通苏克苏浒河之上流，伐木顺流下以之治宫室，为薪不可胜用也。时而出猎，山近兽多，河中水族亦可捕而取之。"② 由这段话可以看出沈阳是四通八达的交通要塞，各处征战路程合理。浑河水系发达，木材可通过水运直抵沈阳。而沈阳东北、东南方向的丘陵山地，便于狩猎。河流水系发达，可得河中物产。其实，河网密布是冰上运动开展的重要自然条件，而四通八达的交通又为冰雪运动的传播提供了有利条件。

从赫图阿拉城、东京辽阳城到盛京城，努尔哈赤在后金时期的3次迁都，完成了后金都城从山区到平原的迁徙。但无论是山地还是平原，这条迁徙路线上的都城始终逐水而居。距城址不远的地方就是河流。天然水道是冰上活动的必备自然条件。后金几个重要都城，出城就存在举步可至的天然冰场，这些冰场是后金政权举行冰上盛典的活动场地。

---

① [明]任洛：《辽东志》卷一《地理》，《辽海丛书》第一辑，辽沈书社，1985年，358页。

② 《清实录·太祖实录》卷九，《清实录》第1册，中华书局，1986年，126—127页。

3. 辽西走廊

尽得辽东之地后，努尔哈赤挥师南下，欲通过辽西走廊，直取北京。辽西指的是辽河以西，西至大兴安岭南麓、北至西拉木伦河流域、南到燕山山脉以北之间的地区。这一区域山脉众多，河流纵横。山脉包括努鲁儿虎山、医巫闾山、七老图山、燕山等，河流包括西拉木伦河、老哈河、西辽河、大小凌河、滦河等。辽西地区是汉地与北方民族生活区交会的地带，是农耕、游牧和渔猎经济相互碰撞的地带，更是中原控制东北地区或是北方民族南下的兵家必争之地。

而满族先民入主中原的通道，是狭义的辽西走廊。这条辽西走廊是辽金时期北方民族南下开辟的道路，西侧是松岭山脉，东侧是漫长的海岸线。背山面海，地势起伏的狭长通道上，有锦州、宁远、山海关等重镇。这些重镇是清军南下争夺的战略要地，也是明军誓死守卫的城市。在清军南下的过程中，明军和清军之间一系列惨烈的军事战斗在此展开。满族先民的旧有风俗随着清军南下路线被带入山海关内。这些旧俗成为大清国俗的直接来源。

第三章

冰嬉起源的生产生活基础

第一节　北方民族冰雪活动的历史

据史料记载，北方民族自古就有利用冰雪的传统。特别在冬季生产活动中，人们利用冰雪的特质，发明了相应的生产工具，用于日常的生产活动。北方民族善冰雪的历史记载出现在正史、典志体史书、地理志等各类文献中。我们依据文献记载的时间早晚，来梳理有关北方民族冰雪运动的记载。

《山海经》卷十八《海内经》记载："有钉灵之国，其民从膝已下有毛，马蹄善走。"[1]《山海经》是古代志怪文献，成书时间不晚于西汉。其中有关丁零人"膝已下有毛"的描写，一般认为是古代文献对北方民族滑雪的最早记载。丁零也作钉灵、丁令、丁灵，又称高车、狄历、铁勒。秦汉时期，丁零人生活在北海（今贝加尔湖）一带，是一支庞大的游牧民族。在高纬度地区，寒冷气候和

---

[1] 袁珂校译：《山海经校译》，上海古籍出版社，1985年，299页。

冰雪环境始终伴随着丁零人的游牧生活。在长期的冰雪生活中，丁零人很可能使用带皮毛的滑板在冰雪上滑行。这样的出行方式被遥远的农耕民族在文献中记录下来，便口耳相传成"膝已下有毛，马蹄善走"的模糊认识。所以，以《山海经》的记载就判断丁零人一定会滑雪，有很大的臆测因素。

与丁零人滑雪有关的文献还有南朝宋裴松之注《三国志》引《魏略·西戎传》："乌孙长老言北丁令有马胫国，其人声音似雁鹜，从膝以上身头，人也，膝以下生毛，马胫马蹄，不骑马而走疾马。其为人勇健敢战也。"[①] 这段话说明在三国时，人们认为北丁零"不骑马而走疾马"的行走方式，与《山海经》对丁零人的记载颇为相似。此外，在元朝文献《异域志·丁灵国》中也记录了类似的行走方式："其国在海内，人从膝下生毛，马蹄善走，自鞭其脚，一日可行三百里。"[②] 这两条文献大致可以说明当时的农耕民族对北方丁零人的认识。丁零人生活在高寒地带。他们从膝盖以下就有毛，腿脚与马相似。丁零人鞭打自己的脚，可以达到日行"三百里"的效果。人有马蹄显然是不可能的，但丁零人在脚上绑上木板，便可以在冰雪环境中日行"三百里"。据此推断《山海经》对丁零人的描述确实很可能与滑雪或者滑冰有关。

《隋书》是唐朝官修前朝正史。《隋书》卷八十四《北狄传》记载："南室韦北行十一日至北室韦，分为九部落，绕吐纥山而居。其部落渠帅号乞引莫贺咄，每部有莫何弗三人以贰之。气候最寒，雪深没马。冬则入山，居土穴中，牛畜多冻死。饶獐鹿，射猎为务，食肉衣皮。凿冰，没水中而网射鱼鳖。地多积雪，惧陷坑阱，骑木而行。

[①] ［晋］陈寿撰，［南朝宋］裴松之注：《三国志》卷三十《魏书·乌丸鲜卑东夷传》，中华书局，1959年，863页。

[②] ［元］周致中撰，陆峻岭校注：《异域志》，中华书局，1981年，63页。

俗皆捕貂为业，冠以狐狢，衣以鱼皮。"①相似的记载在《北史》《通典》《唐会要》《太平寰宇记》《册府元龟》《文献通考》等文献中均可以查到。比如《太平寰宇记》记载："地多积雪，惧陷坑阱，骑木而行。"② 其中，《隋书》成书最早。室韦是南北朝时期开始见于历史记载的东北民族。据《隋书》记载，雪上狩猎的是北室韦。南室韦的分布地域在嫩江中下游及以西地区，与靺鞨、高句丽相邻。北室韦生活在比南室韦更北的高纬度地区，推测应该在大兴安岭附近地区及以北。北室韦是典型的渔猎经济。在漫长的冬季，大兴安岭厚厚的积雪和山地自然形成的坡度给北室韦人"骑木而行"带来便利条件。林间狩猎，雪深难行，徒步行走会深深陷入雪地之中。以独木为工具在雪地里滑行，可以增加受力面积，减少局部压强。如此，独木不易深陷积雪之中，又可以提高行程效率。"骑木"相当于现在雪橇的功能。"骑木而行"是北方民族雪上生产活动的典范。从此，在文献记载中有了东北民族善于利用工具开展雪上狩猎活动的传统。南室韦与靺鞨居住范围相邻，文献记载"与靺鞨同俗"。据此推测，隋唐时期靺鞨和室韦一样，都具有擅长冰雪活动的传统。

《通典》是唐代杜佑撰写的典志体政书，记载了上古至唐肃宗、代宗时期典章制度、地理、民族等多方面的内容。《通典》卷第二百《边防十六·北狄七·流鬼》记载："流鬼在北海之北，北至夜叉国，余三面皆抵大海，南去莫设靺鞨船行十五日。无城郭，依海岛散居，掘地深数尺，两边斜竖木，构为屋。人皆皮服，又狗毛杂麻为布而衣之，妇人冬衣豕鹿皮，夏衣鱼皮，制与獠同。多沮泽，有盐鱼之利。地气沍寒，早霜雪，每坚冰之后，以木广六寸，长七尺，施系其上，

---

① [唐] 魏徵撰：《隋书》卷八十四《北狄列传》，中华书局，1973 年，1883 页。

② [宋] 乐史：《太平寰宇记》卷一百九十九，中华书局，2007 年，3814 页。

以践层冰,逐及奔兽。"①《太平寰宇记》也有同样的记载。②流鬼是隋唐时期分布在堪察加半岛的北方民族,居住地距离靺鞨聚居区有 15 日船路。《通典》记载流鬼每年冰冻坚硬之后,将长 7 尺宽 6 寸的木板系在脚上,滑冰狩猎。唐尺 1 尺约合现代 28—31 厘米,我们可以推测流鬼所用木板大约长 2 米、宽 20 厘米,这与现代滑雪板的规格十分近似了。

《通典》卷第一百九十九《拔野古》记载:"拔野古者,亦铁勒之别部。在仆骨东境,胜兵万余。其地丰草盛,人皆殷富。其酋俟利发屈利失,贞观二十一年举其部来降。其地东北千有余里曰康干河,有松木入水,二年乃化为石,其色青。有国人居住,其人谓之康干石。其松为石以后,仍似松文。人皆著木脚,冰上逐鹿。"③另据《新唐书》卷二百一十七下《回鹘传下》记载:"拔野古,一曰拔野固,或为拔曳固,漫散碛北,地千里,直仆骨东,邻于靺鞨。帐户六万,兵万人。地有荐草,产良马、精铁。有川曰康干河,断松投之,三年辄化为石,色苍致,然节理犹在,世谓康干石者。俗嗜猎射,少耕获,乘木逐鹿冰上。风俗大抵铁勒也,言语少异。"④《文献通考》也有同样的记载。拔野古是隋唐时期生活在大兴安岭以西、康干河流域的北方民族,活动区域与靺鞨相邻。拔野古以渔猎经济为主,冬季狩猎时"著木脚""乘木"在冰上追赶野鹿。不同于北室韦以骑木的方式在雪地里狩猎,拔野古是在冰上狩猎。因为冰面和雪上的滑行差异,笔

---

① [唐] 杜佑:《通典》卷第二百《边防十六·北狄七·流鬼》,中华书局,1988 年,5490—5491 页。

② [宋] 乐史:《太平寰宇记》卷一百九十九,中华书局,2007 年,3818 页。

③ [唐] 杜佑:《通典》卷第一百九十九《边防十五·北狄六·拔野古》,中华书局,1988 年,5468 页。

④ [宋] 欧阳修、宋祁:《新唐书》卷二百一十七下《回鹘传下》,中华书局,1975 年,6139—6140 页。

者推测"乘木"与"骑木"应该有很大差别。"骑木而行"是利用天然坡度的雪地，人们骑在圆木之上自然下滑。"乘木"冰上和"著木脚"都是冰上滑行，很难借助坡度自然下滑，所以"著木脚"应该是在脚下系灵活小巧的木板，形成类似冰鞋的简易滑行工具。无论是室韦，还是拔野古，都是隋唐时期与靺鞨相邻的北方民族，所以靺鞨在冬季渔猎也很有可能使用相似的交通工具。

另一支北方民族拔悉弥也有关于木马的记载。《通典》记载拔悉弥："国多雪，恒以木为马，雪上逐鹿。其状如楯而头高，其下以马皮顺毛衣之，令毛著雪而滑，如著屟屐，缚之足下。（屟，先叶切。屐，巨戟切）若下阪，走过奔鹿；若平地履雪，即以杖刺地而走，如船焉；上阪即手持之而登。"①《太平寰宇志》也有类似记载。②拔悉弥生活在"北庭北海南，结骨东南，依山散居"③，这一区域处于叶尼塞河上游东南方向的山地里，推测在大兴安岭西麓附近山区。拔悉弥聚居区"以木为马，雪上逐鹿"。这里提到的"木马"推测是一块木板，木板前部翘起，木板下用马毛包裹，马毛和雪面接触，减小摩擦。下坡时，滑行速度极快，可以逐鹿。平地滑行，用雪杖支撑雪面前进。上坡用手持杖攀登。拔悉弥"以木为马"打猎的场景和现代滑雪几乎一样了。

《新唐书》卷二百一十七下《回鹘传下》记载："黠戛斯，古坚昆国也。地当伊吾之西，焉耆北，白山之旁。或曰居勿，曰结骨。……桦皮覆室，多善马，俗乘木马驰冰上，以板藉足，屈木支腋，蹴辄百

---

① [唐] 杜佑：《通典》卷第二百《边防十六·北狄七·拔悉弥》，中华书局，1988年，5490页。

② [宋] 乐史：《太平寰宇记》卷一百九十九，中华书局，2007年，3817—3818页。

③ [唐] 杜佑：《通典》卷第二百《边防十六·北狄七·拔悉弥》，中华书局，1988年，5490页。

步，势迅激。"①黠戛斯是隋唐时期定居在叶尼塞河流域的北方民族。《新唐书》记载黠戛斯用桦树皮做成房屋，出产优质马匹，并有乘木马在冰上奔驰的习俗。《太平寰宇记》对黠戛斯的记载为："冬为室，覆以木皮。人好猎兽，皆乘木马，升降山险，追赶若飞。"②《新唐书》和《太平寰宇记》同为宋代的著作，同样记载了黠戛斯的生活习俗。关于黠戛斯滑冰的记载明显比拔野古要更为清楚。"以板藉足"就是用木板一类的东西垫在脚下，"屈木支腋"就是滑行过程中用弯曲的木棍支撑冰面，获得向前的动力。蹬踏一次相当于百步的距离，速度非常快。"升降山险"说明木马使用的地形地势。在垂直落差较大的地形上，使用木马的效果就是"追赶若飞"。黠戛斯"乘木"的方式与现代滑雪的装备和姿势都十分相似。

  黠戛斯生活在叶尼塞河上游米努辛斯克盆地，与蒙古高原相比，河流纵横，水网充沛。这里既适合发展传统畜牧业，也适合农业生产。黠戛斯的生活地域与东北民族有一定距离，但自然环境条件有相似之处。亦农亦牧的生产方式带来相似的生活方式。黠戛斯擅长冰上滑行与长期高寒、河网密布的自然环境有很大关系。《元史》记载的吉利吉思就是隋唐时期的黠戛斯。吉利吉思人"庐帐而居，随水草畜牧，颇知田作，遇雪则跨木马逐猎。土产名马、白黑海东青"。③生活在吉利吉思以东，叶尼塞河流域的乌斯民族，《元史》也记载有"冬月乘木马出猎"④的习俗。根据《元史》对北方民族风俗的记录，说明在明

---

① [宋] 欧阳修、宋祁：《新唐书》卷二百一十七下《回鹘传下》，中华书局，1975年，6148页。

② [宋] 乐史：《太平寰宇记》卷一百九十九，中华书局，2007年，3823页。

③ [明] 宋濂等：《元史》卷六三《地理志六》，中华书局，1976年，1574页。

④ [明] 宋濂等：《元史》卷六三《地理志六》，中华书局，1976年，1574页。

朝人印象中，"木马逐猎"乃是北方民族的重要特征。

　　北室韦、流鬼、拔野古、拔悉弥和黠戛斯在隋唐时期都属于北方民族的范围。他们共同的特点就是生活在北方高纬度地区，聚居区高寒早霜雪，生产方式以渔猎为主。在相似的地理环境下，几个民族均产生了使用木质滑行工具参与冰雪狩猎的习俗。从史料记载来看，北方民族滑雪的传统出现较早，滑冰的传统明显晚于滑雪。但在冰雪环境下狩猎，滑冰和滑雪无法严格区分，所以，早期的滑行工具也不能严格区分到底是单纯的滑冰工具还是滑雪工具。亦冰亦雪的滑行工具应该是早期狩猎活动最合理的选择。上述记载的 5 个民族中，北室韦和拔野古聚居区与靺鞨相邻，黠戛斯和流鬼聚居区纬度更高。4 个民族使用木质工具滑行的记载，随着时间的推移，逐渐清晰。从北室韦的"骑木"雪上，到拔野古"乘木"冰上，再到黠戛斯的滑冰姿势"以板藉足，屈木支腋"，最终我们了解到流鬼滑板的形制。可以说，隋唐时期北方民族利用工具穿梭在冰雪之间，已经成为一种共有的风俗。这种善冰雪的风俗，一直延续下来，被后世北方民族所继承。

第二节　北方民族冰雪用具述考

在冰嬉形成之前的漫长历史时期，北方民族在冰上和雪上使用的滑行工具没有明显的区分，大部分都是亦冰亦雪的滑行工具。文献记载中最多的冰雪滑行工具是木马和狗车。

1. 木马

木马，即以木为马，是文献记载中最常见的冰雪滑行用具。唐代文献《通典》记载拔悉弥"恒以木为马"。这种木马是类似于滑雪板样式的长条形木板，用于"雪上逐鹿"。板下附着一层马毛，用来减小摩擦力。《唐会要》记载结骨国"以木为室，覆以木皮。天每雨铁，收而用之。以为刀剑，甚铦利。若猎兽，皆乘木马。升降山磴，追赴若飞"。[①]结骨国的"木马"用于山地升降滑行，速度很快，这显然是高山滑雪的工具。此外，唐代文献还记

[①]［宋］王溥：《唐会要》卷一百《结骨国》，中华书局，1955年，1784页。

载一种滑冰工具"木脚"。《通典》记载拔野古"人皆著木脚，冰上逐鹿"。①《新唐书》记载"乘木逐鹿冰上"。"木脚"和"乘木"之"木"都是拔野古滑冰狩猎的用具，推测"木脚"可能比"木马"长度更短，更灵活，是类似冰鞋的滑冰用具。"木马"要靠木杖支撑地面，产生向前的动力。"木脚"没有类似记载，推测利用腿部发力即可前行。拔野古生活区域与鞨靺相邻，所以，"木脚"的使用范围很有可能扩大到鞨靺聚居区。

宋代文献描写隋唐时期黠戛斯风俗时，出现了"木马"一词。《新唐书》卷二百一十七下《回鹘传下》记载黠戛斯"俗乘木马驰冰上，以板藉足，屈木支腋，蹴辄百步，势迅激"。②另据《太平寰宇记》记载："人好猎兽，皆乘木马，升降山险，追赶若飞。"③《新唐书》"乘木马驰冰上"的记载，明显说明木马是用于滑冰的工具。这种木马将木板系在脚下，用木杖支撑冰面，产生滑行的动力。而《太平寰宇记》同样记载黠戛斯"皆乘木马"，却是用于"升降山险"。这应该是高山滑雪时使用的工具。从这两条文献上看，"木马"是冰上和雪上通用的滑行工具。

明代记载元代吉利吉思民族时，"遇雪则跨木马逐猎"。④这里的"木马"也是滑雪工具。同样生活在吉利吉思以东的乌斯民族"冬月乘木马出猎"⑤，并没有明确说明是在冰上还是雪上。元代官修地理志

---

① [唐]杜佑：《通典》卷第一百九十九《边防十五·北狄六·拔野古》，中华书局，1988年，5468页。

② [宋]欧阳修、宋祁：《新唐书》卷二百一十七下《回鹘传下》，中华书局，1975年，6148页。

③ [宋]乐史：《太平寰宇记》卷一百九十九，中华书局，2007年，3823页。

④ [明]宋濂等：《元史》卷六三《地理志六》，中华书局，1976年，1574页。

⑤ [明]宋濂等：《元史》卷六三《地理志六》，中华书局，1976年，1574页。

《元一统志》对"木马"的记载十分详细,我们可据此了解"木马"的样式。《元一统志》记载开元路"有狗车木马轻捷之便。木马形如弹弓,长四尺,阔五寸,一左一右,系于两足,激而行之,雪中冰上,可及奔马"。[①] 开元路南抵长白山,西临辽河,北逾黑龙江达外兴安岭,东到日本海,基本上相当于现在东北地区的地理范围。这一区域是满族先民的聚居区,是我们探寻冰嬉起源的重要区域。开元路使用"狗车""木马"的记载是满族先民善冰雪的直接证据。木马形状类似弹弓,长4尺,宽5寸。元代一尺约合35厘米,一寸约合3.5厘米,所以木马应该是长约140厘米,宽约17.5厘米的弧形木板。两块木板系在脚下滑行,无论是在雪上还是冰上,速度都与奔马相当。

"木马"是隋唐时期出现的专有名词,指代冰雪滑行工具。木马的形制类似于现代滑雪板,是一种长条形带弧度的木板。木板系在脚下,用木杖支撑地面,向前滑行。"木马"是北方民族冬季必备的狩猎工具,更多用于滑雪,也可用于滑冰。无论冰面还是雪面,"木马"在狩猎追逐猎物的过程中都可以灵活应对。元代以前文献记载的"木马",是北方民族通用的冰雪滑行工具,元代《元一统志》记载的"木马"已经是女真人冬季生活不可缺少的狩猎用具了。《满洲源流考》引用《元一统志》对"木马"的记载,作为满族先民的传统风俗。入主中原的满族统治者,将"木马"以及"木马"使用的地域作为满族区别于其他民族的特征,确定为"国俗"的一部分。

到了清代,赫哲人使用不同形制的踏板作为滑冰滑雪的工具。由此我们可以清晰地认识到从隋唐至元代木马的发展演变过程。木马可以分为滑冰木马和滑雪木马两种。滑冰木马的样式以清代文献《皇清职贡图》中七姓人脚踏木板为例。清代文献《皇清职贡图》有原文记

---

① [元] 孛兰肸等撰,赵万里校辑:《元一统志》卷二《开元路》,中华书局,1966年,220页。

载:"七姓在三姓之西二百余里之乌扎拉、洪科等处,性多淳朴,地产莜麦。虽知耕种,而专以渔猎为生。遇冬日冰坚,则足踏木板,溜冰而射。其妇女亦善伏弩猎貂,衣帽多以貂为之。土语谓之乌迪勒语。"① 文献中的"七姓"是现在赫哲族的一个分支,以渔猎为生。赫哲人向前追溯,是与建州女真、海西女真同源的野人女真的一部分。《职贡图》中展现了七姓人脚踏木板射猎野猪和女性用弩射貂的场景。这幅图是我们可以看到最早的木马图像了。图上的滑冰踏板长度长于足,短小灵活。形制前尖后弧呈水滴状,有一定弧度。滑行时,不必借助外力,即可滑行。通过图像,我们可以了解踏板与鞋的结合方式。图中,七姓妇脚穿的鞋子是传统的靰鞡。而七姓男脚穿木马,显然就是用绳子将踏板系在靰鞡上固定。《职贡图》上的木马是典型的滑冰工具。这为我们了解早期冰鞋的形制提供参考。滑雪木马的样式以《黑龙江志稿》记载一种叫作"踏板"的滑雪工具为例。文献记载:"赫哲人捕兽之器曰踏板。值雪深数尺,以木板长五尺,贴缚两足,手持长竿,如泊舟之状,划雪上,前进则板乘雪力,瞬息可出十余里。雪中乏食,则觅野兽往来求食之迹,捕而食之。凡逐捕貂鼠各物,十无一脱,运转自如,虽飞鸟有不及也。"② 从这段记载可以看出滑雪踏板与《元一统志》记载开元路的木马十分相似。滑雪木马长 5 尺,相当于现在的 1.75 米。在雪上滑行需借助木杖支撑前进。滑冰木马和滑雪木马的区分改变了隋唐至元朝木马亦冰亦雪的传统。滑冰和滑雪器材开始分流。

2. 狗车

狗车,元代文献中开始出现,是一种用动物拖曳,在冰雪上滑行

---

① [清] 傅恒等纂,门庆安等绘:《皇清职贡图》,乾隆十六年编,嘉庆十年增修,内府刊本,卷三,15—16 页。

② 万福麟监修,张伯英总纂:《黑龙江志稿》卷六《地理志·风俗婚嫁》,黑龙江人民出版社,1992 年,273 页。

《皇清职贡图·七姓》[1]

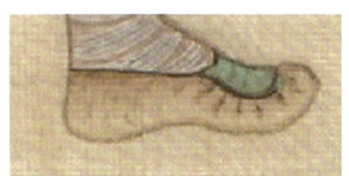 

《职贡图·七姓》局部之靴鞡与踏板[2]

---

① [清]傅恒等纂，门庆安等绘：《皇清职贡图》，乾隆十六年编，嘉庆十年增修，内府刊本，卷三，15—16页。

② [清]谢遂绘：《职贡图》，台北故宫博物院藏。

的交通工具。《元一统志》记载："狗车以木为之，其制轻简，形如船，长一丈，阔二尺许，以数狗拽之。二者止可于冰上雪中行之。俗有狗车木马轻捷之便。狗车形如船，以数十狗拽之，往来递运。木马形如弹弓，击足激行，可及奔马。二者止可冰雪上行。"① 狗车是元代开元路常用的冬季交通工具，用木板制成，结构轻便简单，形状像船，首尾两端翘起，形成一定弧度，长约3米，宽约60厘米，推测高度较矮，才能与船的形状相似。狗车用狗作为牵引力，运送物品，既可以在冰面又可以在雪面上滑行。清代文献《满洲源流考》《盛京通志》都引用《元一统志》的记载，将狗车和木马作为满洲先民的生活习俗记录下来。② 民国时期著作《新元史》记载："女真旧土有水达达万户府，兵民乏食。请赈，有司格其事不下，诉于硕德。命核有司之侵匿者，给之。全活甚众。征东元帅府道沮洳，夏行舟，冬以犬驾杷驶冰上，硕德相山川形势，除道以通往来，人便之。"③ 可见在后世的理解，女真人狗拉爬犁就是元代文献中的狗车。

元代记载还有专门养狗和存放狗车的狗站，相当于汉地的驿站。《南村辍耕录》记载："高丽以北，别名别十八，华言连五城也。罪人之流奴儿干者，必经此。其地极寒，海亦冰，自八月即合，至明年四五月方解，人行其上，如履平地。征东行省每岁委官至奴儿干，给散因粮，须用站车，每车以四狗挽之。狗悉谙人性。站有狗分例，若克减之，必啮其主者，至死乃已。"④ 从这段文献可以看出，连五城是

---

① [元]孛兰肹等撰，赵万里校辑：《元一统志》卷二《开元路》，中华书局，1966年，221页。

② [清]阿桂等撰，孙文良、陆玉华点校：《满洲源流考》卷二十《国俗五·杂缀》，辽宁民族出版社，1988年，385页。

③ 柯劭忞：《新元史》卷一百二十《硕德传》，艺文印书馆，1956年，6863页。

④ [元]陶宗仪：《南村辍耕录》卷八《狗站》，中华书局，1958年，97页。

通向奴儿干①的必经之路，地处松花江和黑龙江下游流域一带，高寒近海，是女真人的活动地域。在这个区域，官方运输、给流放人员分发囚粮，都要使用狗车。因此在主要交通干道沿线建立狗站，饲养训练专拉狗车的狗。每辆狗车由四只狗一同拖曳。狗接受训练都熟悉人性。狗站的狗有固定的分例，如果暗中削减分例，就会撕咬克扣分例的人。关于狗站，在《续通志》《元史》中也都有记载。元朝在辽阳行省内建立狗站，用于官方传递。关于狗站的描述，在《新元史》中更为清晰："狗站一十五处，元设站户三百，狗三千只，后除绝亡倒死处，实在站户二百八十九，狗二百一十八只。"②《新元史》记录的狗站、站户以及狗的数量还是相当可观的，可见，狗车在辽阳行省非常普及，官方依赖狗站传递完成统治。狗站几乎与驿站的功能等同。官方狗站的设立和应用，是建立在狗车在当地普遍使用的背景之下。在狗站设立之前，狗车早已经成为辽阳行省诸民族冬季出行的必备工具。

《辽东志》和《全辽志》是明代记录东北地区历史地理的重要方志。这两部志书里记载了明代的莽吉塔城和药乞站之间的狗站。莽吉塔城和药乞站位于现在黑龙江省抚远市黑瞎子岛的木克得赫屯。《全辽志·外志》记载："狗站，夏月乘船，小可乘载，冬月乘扒犁，乘二三人，行冰上，以狗驾拽，疾如马。"③明代从莽吉塔城到满泾站，也就是乌苏里江口到亨滚河口，有狗站23处。夏季沿河道乘船，冬季乘狗拉爬犁。

清代《清朝文献通考》记载赫哲族使用狗车的风俗引自《南村辍

---

① 《元一统志》记载："东北曰哈州，曰奴儿干，城皆渤海、辽、金所建。"此地现在是俄罗斯的尼古拉耶夫斯克特林。

② 柯劭忞：《新元史》卷一百一《兵志四》，艺文印书馆，1956年，53—54页。

③ [明]李辅：《全辽志·外志》，明嘉靖四十五年修清初抄本，美国加利福尼亚大学伯克利分校藏。

耕录》和《元一统志》。①赫哲族与满族都是肃慎系民族，生活地区相邻，生活习惯相似。狗车是同属于满族、赫哲族先民的生活习俗，沿用至清代。可以看出乾隆时期绘制的《皇清职贡图·赫哲》仍沿用元代狗车。"夏航大舟，冬月冰坚则乘冰床，用犬挽之。"②在《皇清职贡图》中，狗车被称为"冰床"。另据《黑龙江志稿·地理志》记："扒犁，满洲语曰法喇。制如冰床，而不施铁条，屈木为辕，似露车，坐低傍轮，前有轭而高，架以牛或马，走冰雪上疾如飞。亦可施帷幕衾绸以御寒。赫哲人所用狗爬犁，形如小车而无轮，以细木性软者，削两辕，前半翘起上弯，后半贴地处，置四柱与四框，铺以板。如运重物，则于上弯处架犬二，人在上以鞭挥之，其速逾于奔马。"③很明显，《黑龙江志稿》记载的爬犁，就是满语中的"法喇"，也就是上文提到的狗车。但爬犁和冰床还是有明显的区别。法喇，满语是爬犁的意思。"屈木为辕"说明法喇的形制是两根曲木作为车辕，首尾翘起。辕后部搭木架，铺木板，平整如小床。法喇和冰床有三点不同：第一，法喇不安装铁条，冰床安装铁条；第二，法喇是屈木为辕，而冰床是直木为辕；第三，法喇是北方民族在生产生活中使用的亦冰亦雪的交通工具，而冰床是传统汉人使用的冰上交通工具。法喇用牛马犬拉车，行走在冰雪之上，四周可以用帷幔来御寒。《清史稿·志

---

① "自宁古塔东七百余里外，沿松花江大乌拉江，直至入海处两岸，为赫哲费雅哈部所居。其俗不知耕种，以捕鱼为生。其来往行猎时皆以犬，即所谓使犬部也，俗亦谓之鱼皮部。考陶宗仪辍耕录称，征东行省，每岁委官至努儿干，须用站车。每车以四狗挽之，悉谙人性。元志称，其俗有狗车木马轻捷之便，狗车形如船，以数十狗曳之，往来递运。"见 [清] 清高宗敕纂：《清朝文献通考》卷二百七十一《舆地三》，万有文库本，商务印书馆，1936 年，7278—7279 页。

② [清] 傅恒等纂，门庆安等绘：《皇清职贡图》，乾隆十六年编，嘉庆十年增修，内府刊本，卷三，17—18 页。

③ 万福麟监修，张伯英总纂：《黑龙江志稿》卷六《地理志·风俗婚嫁》，黑龙江人民出版社，1992 年，272—273 页。

三十二·地理四》记载室韦直隶厅有根河，根河上源水势大而急，船不可逆流而上。但到了冬季，"河上可驾驶冰橇，每一日夜行三四百里"。① 可见在清朝，生活在黑龙江流域的人们，保留了冬季驾驶狗车的风俗。《皇清职贡图》中的赫哲，是野人女真的重要分支，清朝称为使犬部。《职贡图》上展现的是赫哲人最典型的生产方式和穿着打扮。冰雪环境造就了赫哲人用狗车作为渔猎交通工具的风俗。虽然文献中对狗车的称呼不同，但无论是狗车、爬犁还是法喇，其实都是同一种工具，无实质区别。

《满洲源流考》将法喇列为国俗杂缀项，并有详细记载。关于法喇的第一段记载是《御制吉林土风杂咏》中的一首诗。可见法喇是女真生活在吉林地区的旧俗，是满洲先民的遗风。原文记："似车无轮，似榻无足，覆席如龛，引绳如御，利行冰雪中，俗呼扒犁，以其底平似犁。盖土人为汉语耳。驾木施箱质莫过，致遥引重利人多。冰天自喜行行坦，雪岭何愁岳岳峨。骏马飞腾难试滑，老牛缓步未妨蹉。华轩诚有轮辕饰，人弗庸时奈若何。"② 在咏法喇诗之后，有关于法喇的解释说明："汉语为扒犁，即拕床也。服牛乘马取诸随，制器殊方未可移。似榻似车行以便，曰冰曰雪用皆宜（似榻无足，似车无轮，以牛马挽行冰雪中，可以致远）。孤篷虽逊风帆疾，峻坡无愁衔橛危。太液拕床龙凤饰（液池冬日则御拕床，其制有施毡幄及饰以龙凤者），椎轮大辂此堪思。"③ 根据这些描述，我们可以了解清代皇家记录的法喇，和上文所说民间使用的法喇又有区别。满语中的法喇，汉语称爬

---

① 赵尔巽等：《清史稿》卷五十七《地理志四》，中华书局，1976 年，1981 页。

② [清] 阿桂等撰，孙文良、陆玉华点校：《满洲源流考》卷二十《国俗五·杂缀》，辽宁民族出版社，1988 年，376 页。

③ [清] 阿桂等撰，孙文良、陆玉华点校：《满洲源流考》卷二十《国俗五·杂缀》，辽宁民族出版社，1988 年，379 页。

犁。《满洲源流考》记载的法喇和北方民族使用的狗车已经有了很大差异。从《满洲源流考》记载来看，原来在东北地区普遍使用的法喇，与太液池中皇帝使用的拖床是同一种工具。长期用于生产生活的法喇，在清军入关后，融合了汉人使用的冰床的诸多因素，最后演变成乾隆皇帝乘坐的冰床龙辇，成为冰嬉盛典活动的重要元素。所以说，乾隆时期冰嬉盛典中的拖床，应该是满汉融合的产物。

法喇由元代开元路女真人使用的狗车演化而来，在清朝被确定为"国俗"的组成部分。法喇起初只是渔猎时运输货物的工具，后来逐渐演化为官方驿路传递的交通工具，最后成为皇帝庆典活动乘坐的冰床。从元代女真人使用的狗车，发展到清代庆典时皇帝乘坐的冰床，无论是功能还是形制，都发生了翻天覆地的变化。

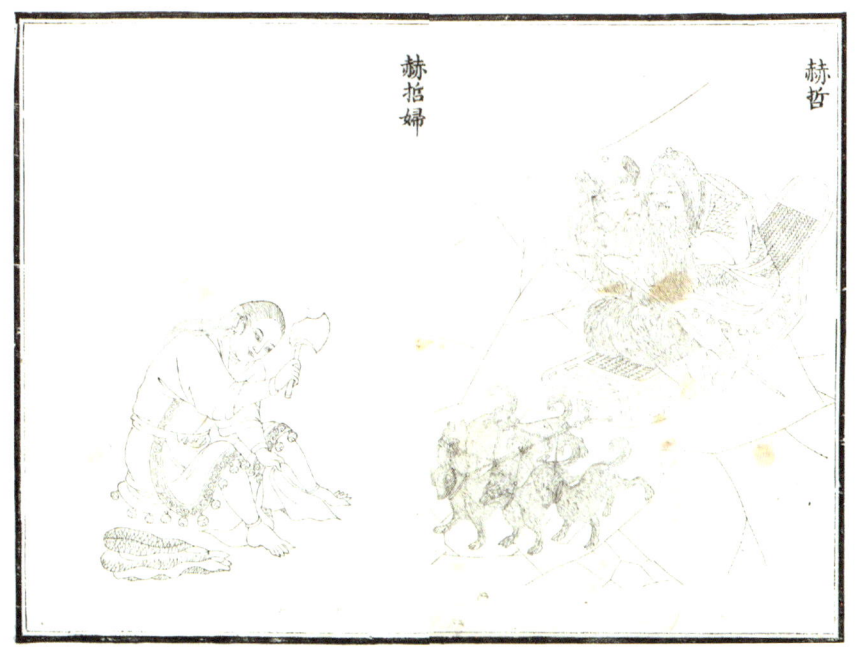

《皇清职贡图·赫哲》①

---

① [清]傅恒等纂，门庆安等绘：《皇清职贡图》，乾隆十六年编，嘉庆十年增修，内府刊本，卷三，17—18页。

第三节　农耕民族冰雪用具述考

凌床是北宋以来传统农耕地区冬季使用的冰上交通工具。《梦溪笔谈·讥谑》记载："信安、沧、景之间，……冬月作小坐床，冰上拽之，谓之凌床。"①信安，即信安军，位于今河北霸州东北。对生活在北宋的人们来说，这一区域纬度高，冬季河流结冰，具有开展冰上活动的自然条件。在信安一带，农历十一月制作小坐床，在冰上拖曳，称为凌床。人们坐在凌床之上，由外力拖曳，在冰上滑行。另据几乎生活在同一时代的宋人江休复在《醴泉笔录》里记载："雄霸沿边塘泊，冬月载蒲苇，悉用凌床，官员亦乘之。"雄霸即雄州和霸州，与《梦溪笔谈》记载使用凌床的区域基本吻合。这一区域处在永定河和滹沱河冲积扇交汇处，河流纵横，洼地众多，容易生长蒲苇等喜湿的植物。宋人记载雄州和霸州的洼地水泊，

---

①［宋］沈括撰，胡道静校注：《新校正梦溪笔谈》，中华书局，1957年，229页。

冬季用凌床来运送蒲苇，有时官员也会乘坐。与《梦溪笔谈》不同的是，《醴泉笔录》记载的凌床既可以运送货物，又可以坐人。由此可知，北宋时期广泛使用的凌床，至少有载人和载物两种形制。

北宋时期的凌床沿用到明代，被称为拖床或者冰床。明崇祯年间，宦官刘若愚在《酌中志》中记载了嘉靖至崇祯年间宫闱之事，其中就包括北京皇城河道内使用拖床的场景。

> 是河也，由北安门外药王庙西桥下入，萦回洸漾，蓄泄惟谨。莲藕鱼虾，味最鲜美。且葭苇茂密，水禽上下，俨若江南风景云。至冬冰冻，可拖床，以木板上加交床或薰荐，一人前引绳，可拉二三人，行冰如飞。积雪残云，点缀如画。世庙①晚年尚玄修，多居西内。嘉靖壬寅（嘉靖二十一年，1542年）正月十六日，皇太子自宫中往见，绝河冰而过。时阁臣夏言《浣溪沙》词曰："迎和门外日初晴，玉树琼枝照眼明，胡床稳坐渡层冰。　此日人间点瑞雪，昨宵天上看华灯，朱衣凌晓禁中行。""高阁春云护九重，日华晓色映茏葱，新年今日见东宫。　龙凤姿容天日表，圣神根器帝王风，老臣欢看万方同。"正咏此也。神庙临御久稀，禁网疏阔，每于河冰冻后，近京贫民于皇城内外，凡有冰处，拉拖床以糊口。遇雪满林皋，坐拖床者艳素杂遝，交拉如织，亦有兴豪乘醉而频往来者。至春冰将泮，间有沉溺损生，憨不畏也。②

相同的记载还出现在《明宫史·金集》③中。从这段记载可以看出明代晚期北京城内使用拖床的细节。拖床一般是在木板上添加折叠

---

① 指明世宗嘉靖。
② [明] 刘若愚：《酌中志》卷之十七《大内规制纪略》，北京古籍出版社，1994年，142页。
③ [明] 刘若愚：《明宫史》，北京古籍出版社，1982年，12页。

椅（胡床），或者在木板上垫上草席，由一人牵引拖曳，可以坐两三个人，在围绕皇城的护城河上使用。嘉靖二十一年（1542）正月十六日，皇太子从冰面上坐拖床而过，前往西内。这件事情被名臣夏言记录下来。胡床作为冰上交通工具，在元宵佳节期间，被宫廷贵族所用。"龙凤姿容天日表"一句，说明此时皇家拖床并没有外围帷幔，形制仍旧是木板上加装椅子的样式，所以才能看清太子的容貌。与皇家拖床形成鲜明对比的是，此时的京城百姓在冬季皇城内外的冰面上拉拖床谋生。等到下雪之后的日子，各色人等坐拖床前行，河道内拖床往来十分频繁。等到了冬春更替，冰面融化的时候，仍有拖床在河道滑行，偶尔会出现溺水丧命的事情，但拉拖床的人们并不畏惧。

《明熹宗实录》还记载另一段太液池上使用冰床的场景。

> 皇上深居清密，去玄武门稍迩，乃巡官逻卒利前之近易，而忽后之僻难，一片荒寂全无一人，非所以示后拥。两长安门，冠裳辐辏，难容奸究。若东华门偏在一方，近连紫禁，况光禄琐细、库厂搬运、内监出入势难清肃，非所以讥奸细。西华门空固多，而中珰之房亦密，比之东华稍可防御，近因北台折卸，夫役涵喧，且冬则冰床作戏，春夏荷柳供观，率为寻尝游豫之场，非所以藩内外。请将巡视科院部三臣，分督一东一西一北，专掌则有专责，庶无推诿。至铺舍之颓，宜修；金铃之传，宜稽；灯笼器仗，宜备；皇墙圮坏，宜葺。总祈敕部施行下兵部。①

根据实录记载可知，明天启年间，西华门外多为宦官居住的地方，人口稠密。太液池北岸的乾德阁②嘈杂喧闹。西华门外西苑太液池，冬

---

① 《明熹宗实录》卷十七，上海书店，1984年，884—885页。
② 明朝万历年间修建，俗称"北台"。

天冰床作戏，春夏观赏荷柳，成为娱乐的场所。西苑也是清代冰嬉盛典最主要的活动场地。其实，西苑太液池在明天启年间就是著名的游乐地。"冬则冰床作戏"说明在太液池上的冰床专门用于游乐。这与在皇城河道内滑行、充当运输工具的拖床，有本质区别。此处"冰床作戏"，与清代的冰嬉有着本质区别，所以"冰床作戏"并不是冰嬉的源头。

《明宫杂咏·熹宗》记载两首关于明熹宗在太液池上坐冰床的诗。一首是："北风吹冻液池波，树里遥闻唤渡河。两岸丝绳齐努力，胡床安稳一经过。"另一首是："琉璃新结御河水，一片光明镜面菱。西苑雪晴来往便，胡床稳坐快云腾。"皇帝乘坐冰床的历史可以追溯到天启皇帝。天启皇帝乘坐胡床，与百姓乘坐的冰床区别在于牵引方式的不同。百姓乘坐冰床，由一人在冰面上牵引拖曳。诗中提到皇帝乘坐的冰床则是由多人从两岸用绳索牵引。皇帝乘坐冰床的地点是在西苑太液池。这与上文"冰床作戏"的地点相同。由此可知，最迟在天启年间，太液池已成为北京城冰上娱乐的主要地点。另据《明宫词·天启宫词一百首》记载："西苑冬残冰未澌，胡床安坐柘黄衣。行行不藉风帆力，万里霜原赤兔飞。"同样描写了天启皇帝西苑坐冰床的事迹。这首诗后附说明文字："西苑池冰既坚，上命以红板作拖床，四面低阑，亦红色，窄仅容一人。上坐其中，诸珰于两傍用绳及竿，前引后推，往返数里，瞬息而已。"① 这为我们还原了明代皇家冰床的形制及牵引方式。待冬日西苑太液池冰冻结实以后，天启皇帝命人用红板制作冰床，拖床四周安装较低的栏杆。此时，冰床并未加装帷幔，且冰床较窄，栏杆之内仅可以坐一人。皇帝坐在冰床之上，由宦官用绳索在前牵引，用竹竿在后支撑推动。冰床滑冰效果极好，速度很快。

---

① [明] 朱权等：《明宫词》，北京古籍出版社，1987年，25页。

除了贵族和百姓"冰床作戏"的记载，围绕冰床，明代还流行另一种娱乐活动。这就是冰床围炉对酌。清代《日下旧闻考》援引明人孙国敉《燕都游览志》的描写："积水潭在都城西北隅……冬时河冻，作小冰床，各坐于上。一人挽行，轮滑如骤驶。好事者恒觅十余床，携围炉酒具酌冰凌中。"① 另据《燕京岁时记》转引《倚晴阁杂抄》关于北京旧时的风俗："明时积水潭，尝有好事者，联十余床，携都篮酒具，铺氍毹其上，轰饮冰凌中以为乐。"② 明代积水潭是京城另一处冰上娱乐的聚集地。积水潭冰面上，有人将10多个冰床聚集在一起，将毛毯铺在冰床之上。众人坐在冰床上，围炉对酌。冬日，冰上围炉对酌，成为当时最时尚的娱乐方式。

文献中记载明代汉地的冰床，与北方民族使用的狗车非常相似，但二者的区别也十分明显。凌床与狗车最大的区别是拖曳的动力不同。狗车用狗拉车，后来发展成用牛或者马。北宋关于凌床的记载并没有说明谁来拉车，推测应该是人牵引冰床滑行。明代用人牵引冰床已明确见于史籍。因为牵引动力不同，严格意义上说，凌床和狗车并不是同一种冰上滑行工具。此外，从形制上看，狗车不安装铁条，车辕为曲辕。凌床在木板下安装铁条，车辕应该是直辕。元代的狗车，发展成为明清时期用牛马作为牵引的法喇，狗车和法喇是直接继承关系，它们都是北方民族渔猎生产方式的产物。而凌床，则是传统农耕地区的冰上运输工具，在明朝发展成上至宫廷，下至百姓的冰上交通工具。天启年间，冰床又有了冰上娱乐的新功能。明末清初，随着清军入关，满族将旧俗带入关内。狗车与冰床逐渐融合。冰床成为清代冰嬉活动中皇帝乘坐的冰上滑行工具。无论是清代冰嬉盛典还是宫廷冰嬉娱乐，

---

① [清]于敏中：《日下旧闻考》卷五十三《城市·内城西城四》，北京古籍出版社，1985年，849—850页。

② [清]富察敦崇：《燕京岁时记》（与《帝京岁时纪胜》合本），北京古籍出版社，1981年，91页。

都可以看到冰床的身影。至此，文献中狗车、法喇、爬犁、拖床、冰床等词语也就不再区分。

　　清乾隆时期，画苑领袖钱维城绘制了一幅《画御制雪中坐冰床即景》①，反映了清军入关以后，狗车与凌床融合之后的最终形态。此图是根据乾隆皇帝御制诗《雪中坐冰床即景》而创作的。画面以太液冰面为主体，描绘乾隆皇帝在西苑太液池上乘坐冰床的景象。画中对西苑两岸的皇家御苑雪景绘制精细。冰面之上，冰床和伴游的人群星星点点。皇帝的御用冰床在侍卫的引导下，缓缓滑行。冰床前方不远处的冰面上，矗立着类似冰嬉盛典"转龙射球"项目的球门。悬挂在球门上方正中的天球隐约可见。皇帝冰床由10个侍卫引导，由6个侍卫推着前进，后面是10个手持长矛的禁卫军。禁卫军后是由两个侍卫推行的另一个冰床。之后，跟着的是由两人牵引的第三个冰床。在这个冰床之后，是其他随行人员。图画中一共出现3个不同形制的冰床。第一个是黄幄冰床。冰床底部形似木船。手推冰床的一侧弧度更大，床体较高。上面黄幄部分形似轿厢。第二个是华盖冰床。冰床底部与黄幄冰床相同。冰床上放置宝座，其上有华盖遮挡。第三个是直辕冰床。冰床床体较矮，冰床上放置明黄色坐垫。从冰床形制来看，乾隆皇帝使用的冰床与天启皇帝使用的冰床比较相似。二者最大的区别在于天启皇帝的冰床利用人力在两岸牵引，而乾隆皇帝的冰床有手推和冰上拖曳两种形式。画面上3个高矮不同的冰床均是供人乘坐。而在冰床形成的漫长历史过程中，高冰床一般供人乘坐，矮冰床为运输货物使用。此外，明代的冰床在木板上放置胡床，并没有出现类似轿厢一样的形制。乾隆时期，无论是乾隆皇帝的冰床，还是《崇庆皇太后万寿庆典》图中皇家与民间乘坐的冰床，都可分为有轿厢和无轿厢两种形制。可见，冰床的制作越来越华丽了。《养吉斋丛录》另有

---

① [清]钱维城：《画御制雪中坐冰床即景》，台北故宫博物院藏。

"'檀榻簇葩匡既好,柘檐缬翠盖斯猷。方裀茸燠敷貂座,圆极虚明屏罽幠'。此言御用冰床之制也。又御前蒙古王等,凡至西苑,亦赐坐冰床随行"①的记载,记录的同样是御用冰床的信息。除皇帝之

《画御制雪中坐冰床即景》②

《画御制雪中坐冰床即景》局部③

---

① [清] 吴振棫:《养吉斋丛录》,中华书局,2005年,191—192页。
② [清] 钱维城:《画御制雪中坐冰床即景》,台北故宫博物院藏。
③ [清] 钱维城:《画御制雪中坐冰床即景》,台北故宫博物院藏。

外，随行的蒙古王公，还有可能被赐坐冰床的情况。可见，西苑冰床并非单纯的皇家娱乐活动，在娱乐之中，皇帝赏赐蒙古王公乘坐冰床，更多表达了清代统治者天下大同的政治理念。

乾隆十六年（1751）以崇庆皇太后六旬万寿节为主题的庆寿图创作完成，这就是著名的《崇庆皇太后万寿庆典》图。图中绘制了崇庆皇太后在长河上乘坐冰床的场景。[①]画面上的冰床与《画御制雪中坐冰床即景》中的冰床形制相似，但更为精致华丽。长河，是京城内城通向西郊皇家园林的水上通道。崇庆皇太后乘坐冰床往来京城与皇家园林之间，可以缓解陆路疲劳奔波，还可娱乐身心。长河之上，另有众人乘坐

《崇庆皇太后万寿庆典》图局部[②]

[①]《崇庆皇太后万寿庆典》图第二卷《川至迎长》，故宫博物院藏。转引自刘潞：《"骈庆"：崇庆皇太后〈万寿图〉第三卷卷名考析》，《故宫博物院院刊》2015年6期，127页。

[②]《崇庆皇太后万寿庆典》图第二卷《川至迎长》，故宫博物院藏。转引自刘潞：《"骈庆"：崇庆皇太后〈万寿图〉第三卷卷名考析》，《故宫博物院院刊》2015年6期，127页。

冰床的场景。①乾隆时期，冰床是上至宫廷，下至百姓的冬季娱乐工具。在重大节日庆典中，冰床作为时令交通工具时常出现。乾隆时期，宫廷画师绘制皇帝乘坐冰床的场景并未用"冰嬉"一词命名，可见在冰嬉制度形成的时代，皇帝乘坐冰床的活动并不属于冰嬉的范畴。所以，冰床作为冰嬉盛典重要的交通工具，不能单独称为冰嬉。

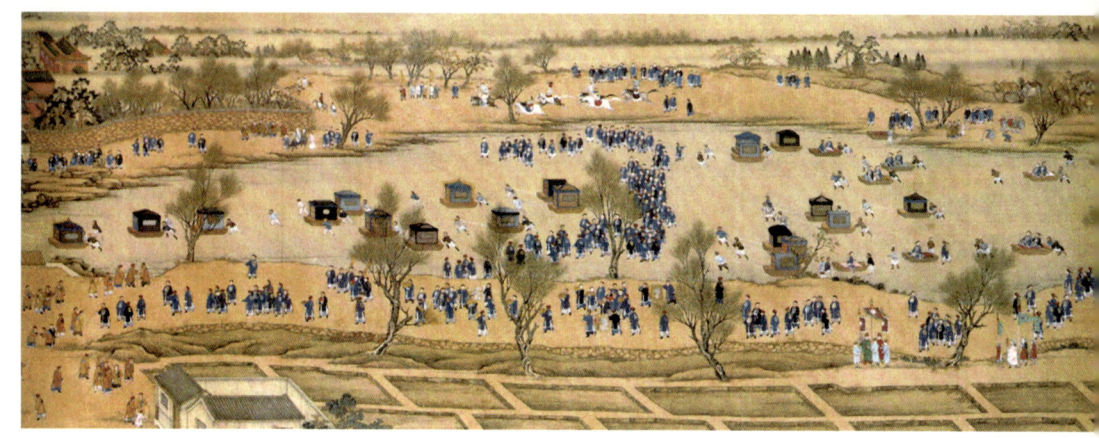

①故宫博物院编：《清史图典·乾隆朝》，紫禁城出版社，2002年，527页。

第四节　满洲先民冰雪活动的历史

后金天聪九年（1635），皇太极改族名女真为满洲。从此以后，满洲作为族名延续几百年。在崇德元年（1636）之前，无论是肃慎、挹娄、勿吉、靺鞨、渤海、女真，都属于满洲先民。文献中有关这些民族善冰雪的记载，都是冰嬉起源的历史基础。

靺鞨作为隋唐时期东北民族的重要组成，习俗与其他北方民族有很多相似之处。喜渔猎、善冰雪的风俗深入骨髓。靺鞨以降，改称女真。《金史》记载了一段女真人善冰雪的实例。斜卯阿里，金朝著名将领，在他的传记中曾记载："斜卯阿里，父浑坦，穆宗时内附，数有战功。……高丽入寇，以我兵屯守要害，不得进，乃还。阿里追及于曷懒水，高丽人争走冰上，阿里乘之，杀略几尽，遂合兵于石适欢。道遇敌兵五万，击走之。又与石适欢遇敌七万，阿里先登，奋击大败之。"[①] 曷懒水位于

---

① ［元］脱脱等：《金史》卷八十《斜卯阿里传》，中华书局，1975年，1798页。

朝鲜咸镜道，占据此地北上可控鸭绿江，东进可击辽东京辽阳府，南下可得高丽，地理位置十分重要。由这段史料可知，建立金朝以前的女真人常与高丽交战。一次，高丽入侵女真地，金兵守卫要塞。高丽无法进攻，罢兵回国。女真将领斜卯阿里带兵追到曷懒水，高丽军队争着从冰上逃跑。斜卯阿里乘胜追击，高丽军几乎被金兵全部消灭。冰上作战是否使用冰鞋已不得而知，但女真人非常擅长冬季运动，特别是在冰上作战是不争的事实。

元朝女真人善冰雪的风俗，要追溯到《元一统志》开元路使用木马狗车的记载。这段记载在上文已经涉及。清末《东三省舆地图说》援引《元一统志》的说法，对开元路的地域范围、主体民族和使用木马狗车的风俗进行详细考辨。原文如下：

开元开原辨。

《元史》开元路，古肃慎之地，隋唐曰黑水靺鞨。唐初渠长阿固郎始来朝后，乃臣服。以其地为燕州，置黑水府。其后渤海盛，靺鞨皆役属之。又其后渤海浸弱，为契丹所攻，黑水复擅其地。东滨海，南界高丽，西北与契丹接。《元一统志》，南镇长白之山，北浸鲸川之海，三京故国五国旧城，亦东北一都会也。开元劲捷善战，习尚射猎，有狗车木马轻捷利便。木马形如弹弓，长四尺，阔五寸，一左一右系于两足，激而行之雪中冰上，可及奔马。狗车以木为之，其制轻简，形如船，长一丈，阔二尺，以数狗曳之。二者皆行于冰雪中。据《地理志》，开元路，即唐黑水府是开元，在今黑龙江地面。据《一统志》，三京五国狗车木马云云，则由长白山至黑龙江，凡东北滨海诸地皆隶开元路也。狗车木马今自三姓以下，尚仍旧俗。①

---

① [清] 曹廷杰：《东三省舆地图说》，《辽海丛书》，辽海书社，1934年。

元代开元路是隋唐时期黑水靺鞨的聚居区，也就是元代女真人的活动范围。生活在开元路的女真人，利用狗车、木马参与冰雪狩猎。木马、狗车的使用范围在长白山至黑龙江的区域之内。到了清代，七姓赫哲人仍在使用。将元代开元路的木马、狗车作为满洲善冰雪的历史基础，还需寻找元代女真和满洲之间的直接关联。

元末明初，散居在黑龙江、松花江流域的女真各部开始了一场旷日持久的民族迁徙活动。明朝官方将汉人认知的女真人明确划分为建州女真、海西女真和野人女真。《明会典》记载："盖女直三种，居海西等处者为海西女直，居建州、毛怜等处者为建州女直，……其极东为野人女直，野人女直去中国甚远，朝贡不常，海西、建州，岁一遣人朝贡。"[①] 元朝时期生活在牡丹江口一带的斡朵里、胡里改部，在明初迁徙到图们江、绥芬河流域。在明朝统治东北地区之后，女真各部归顺明朝。永乐元年（1403），建州卫军民指挥使司设立。此后，斡朵里、胡里改部都属于建州卫管辖。建州卫是建州女真的名称来源，所以最迟在永乐年间，建州女真的主体生活在图们江、绥芬河流域。此后，建州女真斡朵里、胡里改部仍不断迁徙，居住地由阿木河（朝鲜会宁）周边，迁到回波江凤州（吉林海龙）一带，最终到达苏子河畔的赫图阿拉。与此同时，原居住在松花江中游一带的女真部落，逐渐南迁到开原以北的松花江大拐弯一带，成为明代海西女真的主体。随着建州女真和海西女真的南迁，野人女真占据了建州女真和海西女真原来的聚居地，广泛分布在黑龙江以北、乌苏里江以东区域。根据女真人迁徙路线可知，元朝开元路的女真人在明朝出现了明确的分化，女真各部向不同区域迁徙。其中，明代建州女真由牡丹江流域迁往图们江流域，后又迁往松辽平原腹地，最终在长白山西麓余脉的苏子河

---

① 《万历重修明会典》卷一百七《礼部·朝贡三·东北夷》，万有文库本，商务印书馆，1936年。

畔落脚。在上百年的迁徙过程中，女真人的风俗习惯也随之改变。明正统三年（1438）建州女真迁至以赫图阿拉为中心的苏子河畔。此时，建州女真的活动范围大致在抚顺关以东，辽东边墙一线，东北至图们江流域，东南至鸭绿江。而在建州女真活动的范围之内，木马狗车作为女真旧俗，一直存续。

《满文老档》是记录迁徙到苏子河畔之后建州女真的历史文献，也是满洲入关前在东北地区进行各种活动的官方记录。《满文老档》用新、旧两种满文书写，是皇太极时期官修编年体史书，记载天命元年（1616）前9年至天聪六年（1632），以及崇德元年（1636）的史事，是研究满洲入关之前历史的重要史料。乾隆年间，根据原本重新修缮保存。《满文老档》中保存很多有关满洲先民善冰雪的历史记载，这些史料都是满洲先民善冰雪的珍贵资料，也是研究冰嬉起源的直接证据。

《满文老档》天命元年：

黑龙江之萨哈连部与虎儿哈部皆于虎儿哈部之博济里处会议曰："将此贸易三十人及前来领其兄弟之四十人皆杀之，然后我等叛而征之。"五月，杀其七十人时，有九人逃出。六月二十八日，闻其杀人消息后，大英明汗愤于此，拟遣兵征讨。诸贝勒大臣及众人皆谏曰："正值夏季，路多泥泞，大军如何行走。俟冬季结冰，往取可也。"汗独拒之曰："今夏不往，彼必储妥秋粮，人皆弃寨往投使犬部。我兵归则彼部还，取食其所藏之粮。如此，则其部又可苟延一二载。今夏发兵，则人不遑躲避，粮不及贮藏。彼以为此时大兵不能行，正悠然闲居，今若往征，必获全胜。纵有逃者，为数无几，其粮谷均为我得，其逃出者何以为食。如此，则彼部必灭也。"……

博济里本人，因于兵来之前为迁居前往使犬部借刀船得以逃脱。往昔，黑龙江每岁十一月十五日至二十日结冰。汗兵于初五日渡黑龙江，观江之东西，均未结冰，独寨之所在处结冰如桥，宽二里许，横跨江中。兵乃过河攻寨，萨哈连路二寨之人，弃家避于野外，始得幸免。其以为乌拉河冰期未到而安居之萨哈连部十一寨，尽被取。及兵还，所渡之冰已解，其以西复如前结冰一道，兵乃由此过江而还。既过，冰尽解，后仍应时而冻。继之又招抚使犬、诺洛、锡拉欣三部，收其大臣四十人而还。十一月初七日，乃返抵汗城。先是虎儿哈部投顺大英明汗，常来朝见，进贡貂皮。汗念彼等来投后远道前来进贡，甚为嘉许，故送女与虎儿哈部各寨主为婚，荣以为婿。至是变心背叛，杀大英明汗所遣商人，大英明汗乃愤而遣兵讨之，尽取博济里寨及周边所有三十六寨。拟取黑龙江北岸之萨哈连部，然非冰期，不取回还。又思萨哈连部曾助博济里杀大英明汗之商人，不取此部，如何还师。踌躇之际，黑龙江竟于其冰期十五日或二十日前结冰，此实乃上天深恶萨哈连部助博济里杀大英明汗商人并恐我不遑还师，提早结冰为桥，横跨江中也。维此冰桥横跨江中，四十匹马可并行之说，实非错谬。[1]

努尔哈赤天命元年（1616）立国，之后进行统一女真各部的战争。萨哈连部和虎儿哈部都是分布在黑龙江流域的野人女真部落，先投靠后金，后又反叛。努尔哈赤带兵征讨。很多大臣认为夏季道路泥泞，大军行军困难，建议等冬季结冰之后再前往征讨。可见相比夏季战争，大多数人都认为冬季战争的胜算更大。努尔哈赤最终选择夏季出兵，是基于秋粮储备的角度考虑。但不可否认，后金军队在冰雪环境下征

---

[1] 中国第一历史档案馆整理、编译：《内阁藏本满文老档·太祖朝》汉文译文，辽宁民族出版社，2010年，16—17页。

战有着丰富的经验。结冰已经成为后金军队战争的有利条件。此后，统一萨哈连部和虎儿哈部的战争还是持续到十一月，未到黑龙江冰期的江面竟然结冰了。后金军队借助江面结冰，横跨黑龙江，取得战争胜利。在战争过程中，黑龙江冰面根据战时需要，应时而冻，应时而解，颇具传说色彩。冰面是否有如此神奇的变化，已无从可考。但努尔哈赤善于利用冰雪环境作战得到有力支持。

《满文老档》天命六年十二月：

> 暧河户口三十日启程，新城户口初一启程。迁移之户口，一半步行，一半备有雪橇，妇孺皆乘雪橇。因途中带米不多，不敷食用，故遣人传谕清河路之人送米迎之。再者，迁往萨尔浒之户口，命送米至扎库穆迎之。……初三日，恩格德尔额驸自蒙古还。捕鱼人归，无所收获。每牛录五人各带雪橇三具，取沈阳之米石，迎新城、暧河户口于衙门。①

后金迁都辽阳之后，控制部分辽东汉人聚居地。辽东地区南部近海一带经常受到明军侵扰。为更有效地控制辽东，弱化明朝海上势力对辽东的威胁，努尔哈赤采取大量迁徙辽东汉人的政策。《满文老档》天命六年（1621）十二月迁徙汉民的记载就是在辽东汉人大量内迁辽北的背景下进行的。暧河属于现在丹东市的管辖范围，当时寒冬腊月暧河徙民迁往萨尔浒。迁徙路程一半步行，一半乘坐雪橇。"雪橇"由满文翻译而来，应该就是上文提到的爬犁。因路途遥远，途中粮食不足，送米迎接的队伍同样用雪橇运送粮食。可见在辽东汉人内迁的过程中，雪橇成为主要交通工具，既可以运送货物，又可以供人乘坐。

---

① 中国第一历史档案馆整理、编译：《内阁藏本满文老档·太祖朝》汉文译文，辽宁民族出版社，2010年，98—99页。

也由此可见在辽东地区，使用畜力拉拽的爬犁非常普及，成为冬季不可缺少的交通工具。另据《满文老档》记载："每牛录散给炭十筐，由牛录额真领取，不得稍有折损，妥为收藏，勿以马驮，宜备小雪橇载之。"① 这说明除了在长途迁徙中使用爬犁之外，运送重要物品时，爬犁也是首选。和马驮相比，爬犁具有更平稳的特点，可以减少途中损耗。由此推测在纬度更高的萨尔浒城，爬犁也是冬季重要的运输工具。

《满文老档》天命八年三月：

> 十三日，废止七条之事，更为五条。
>
> 查点新来人口，给以田、舍、席、器、斧、锅及妻、奴、衣等诸物，令其筑房并登记征收与赈济库粮等。此一条也。
>
> 巡查卡伦、台站、枪炮、踪迹及赴各屯查问天花、妇孺及逃人等。此一条也。
>
> 羁押擒获之人，刑戮应杀之人。筑高木栅及造舟船，架桥梁，繁殖牛只，杀猪，饲养牲畜等。此一条也。
>
> 送往迎来，收管所获之牲畜，于桥头征收交易税，清理街道污秽，管理茅厕，祭奠死者，传递信息，安排筵宴等。此一条也。
>
> 甲、盔、刀、枪、弓、矢、鞍、辔、蓑衣及箭罩、弓套、帐房、梯子、档牌、车子、拖床、绵甲，每队十人所带十五日之物及察视骑乘，养肥马匹等。此一条也。②

八旗制度是女真（满洲）最基本的社会组织形式，涉及女真生活

---

① 中国第一历史档案馆整理、编译：《内阁藏本满文老档·太祖朝》汉文译文，辽宁民族出版社，2010年，103页。

② 中国第一历史档案馆整理、编译：《内阁藏本满文老档·太祖朝》汉文译文，辽宁民族出版社，2010年，161—162页。

中职官、法律、军功、教育、礼制、日常管理等各个方面。在八旗制度之下，后金统治下的女真社会根据八旗制度的要求，进行社会整合管理。《满文老档》天命八年（1623）三月十三日，记载了八旗社会日常管理的5条细则。5条细则严格规定了八旗日常生活的多个方面。八旗组织军政合一、兵民合一的特点决定了八旗日常生活管理带有明显的军事化特征。最后一条规定是为了适应战争需要，随时准备的战备物资。这些战备物资包括武器、服饰、生活物品及交通工具等。拖床和车子并列，成为战备交通工具。这说明在努尔哈赤统治时期，拖床在军事上的应用极为广泛，成为军中必备物品。

  女真人善冰雪的历史记载几乎都和军事活动有关。无论是《金史》记载斜卯阿里带兵在冰上消灭高丽军队，还是努尔哈赤利用结冰渡河取得战争胜利，冰雪环境始终是满洲先民取得军事胜利的有利条件。在兵民合一的八旗制度管理之下，辽东汉人内迁、转运重要物资，以及准备战备物资过程中，爬犁都是必备的交通工具。除了军事活动，爬犁与女真人的日常生活同样息息相关。爬犁作为冬季运输的主要工具，侧面反映了女真人日常生产生活对爬犁的依赖。在辽东汉人内迁萨尔浒的过程中，也用爬犁载人载物。建州女真生活的核心地区与爬犁直接联系在一起。

第四章

冰嬉起源的军事基础

冰嬉的军事基础要从乾隆时期的冰嬉盛典说起。乾隆十年（1745）《御制冰嬉赋》叙录记载："国俗旧有冰嬉，以肄武事。皇上率循旧典，爰于每岁冰坚之候，于太液池聚八旗武士陈之。御制冰嬉赋一篇，以叙其事。内廷诸臣恭注。乾隆十年校刊。"①乾隆十年，乾隆皇帝率八旗子弟在太液池上举行冰嬉盛典。乾隆皇帝为此事作《御制冰嬉赋》一篇，歌咏太液冰嬉的场景。在《御制冰嬉赋》叙录中，我们得到一些重要信息：第一，国俗冰嬉是旧制。皇帝遵循旧典，每年率领八旗兵举行太液冰嬉。第二，冰嬉最重要的功能是"肄武事"，也就是与军队训练有关。

可查阅大量文献资料发现，《御制冰嬉赋》叙录中记载"国俗旧有冰嬉"的说法，并没有找到早于乾隆十年的记载。《御制冰嬉赋》是文献中第一次提及冰嬉为"国俗"。由此推测，冰嬉在此之前虽然早已是满族先民冬季活动的风俗，但将其上升到国家的层面来举办此事，应该是乾隆十年的事情，这一年冰嬉被确定为大清国俗。根据《满洲源流考》卷十六《国俗一》记载："国俗一门，首列骑射、冠服，次政教、文字，次祭祀、典礼，次官制、

---

① [清] 于敏中：《国朝宫史》卷二十四《书籍三》，《近代中国史料丛刊》第五十四辑，文海出版社，1966年，907页。

语言，而以物产杂缀终焉。"① 冰嬉盛典的形成与《满洲源流考》记载的国俗有一定关联。冰嬉中"转龙射球"一项与满洲先民的骑射传统有关。另外，国俗的《物产杂缀篇》中包含"法喇"。法喇是满洲先民从事生产活动的运输工具，后来发展成为努尔哈赤统一战争中的战备工具，到了乾隆时期，法喇发展成为乘坐的冰床，甚至成为皇帝观看冰嬉盛典的御用冰辇。可见冰嬉中的诸多因素都可以在大清国俗中找到影子。而冰嬉与骑射的关系、冰嬉"肄武事"的功能都源自八旗深入骨髓的军事传统。从满洲先民的骑射传统到努尔哈赤建立后金之后的练兵阅兵，以及清军入关前的冬季实战等方面，我们可以揭示根植在冰嬉盛典中深刻的军事基础。

---

① [清]阿桂等撰，孙文良、陆玉华点校：《满洲源流考》卷十六《国俗一》，辽宁民族出版社，1988年，304页。

第一节 冰嬉与骑射

骑射是满洲最突出的民族特征。生活在白山黑水间的女真民族在长期的渔猎生产中,形成了重骑射尚武事的传统。这为满洲骑射文化的形成奠定了基础。据《金史》记载金世宗诏曰:"女直旧风,凡酒食会聚,以骑射为乐。今则弈棋双陆,宜悉禁止,令习骑射。"[①] 大定十年(1170),诏左右将军曰:"弓矢不习,将焉用之。"[②] 可见在金朝时期,女真人就以骑射为旧俗,上至帝王,下至士兵,都要擅长骑射之术。在金世宗时期,作为统治民族的女真人已经出现骑射衰落的趋势,所以皇帝下诏极力挽回。生活在元、明时期的女真人,将善骑射的传统传承下来。此时,骑射基本上是围猎的手段,与军事战争并无太大关联。

---

① [元]脱脱等:《金史》卷八十《完颜方传》,中华书局,1975年,1812页。

② [元]脱脱等:《金史》卷六《金世宗本纪上》,中华书局,1975年,146页。

明代建州女真的骑射传统源于金代女真人几百年来积淀的骑射文化。努尔哈赤建立后金之后，骑射不仅是女真人生产生活的重要技能，更是提升军队战斗力，保持女真尚武事的重要手段。以赫图阿拉城为中心的建州女真，与祖先相比，生产生活方式发生了很大转变。《李朝实录》记载："野人惟知射猎，本不事耕稼。闻近年以来，颇业耕农，其农器皆出于我国。"① 原来只知狩猎的女真人，在赫图阿拉定居之后主动进行农业生产。据《满文老档》记载，努尔哈赤致书喀尔喀蒙古时，刻意强调耕种收获粮谷的重要性。② 这说明最迟在天命四年（1619），后金政权的农业基础已经十分稳固。原来从属于围猎经济的骑射技能，逐渐脱离了原有的生产方式和经济基础。但随着建州女真的战事逐渐增多，骑射成为军事战争的重要技能，拥有了新的内涵。此后，骑射与后金国运相连。崇德元年（1636），皇太极首次将骑射纳入国家制度。《清实录》记载："世宗即位，奋图法祖，勤求治理，惟恐子孙仍效汉俗预为禁约。时时练习骑射以备武功。虽垂训如此，后世之君渐至懈废，忘其骑射……朕发此言实为子孙万世之计也。在朕身岂有变更之理，恐日后子孙忘旧制废骑射，以效汉俗。故常切此虑耳。"③ 至此，大清立国，"国语骑射"成为大清最核心的风俗被确定下来。

无论是属于围猎技能的骑射，还是属于军事战争的骑射，在东北长冰期、多冰雪的自然环境里，女真人的骑射技能不可能脱离冰雪环境而独立存在。冰雪环境中的围猎和战争，要求女真人必须熟练掌握

---

① 国家图书馆出版社辑：《李朝实录·成宗实录》卷二六九，国家图书馆出版社，2012年。

② 中国第一历史档案馆整理、编译：《内阁藏本满文老档·太祖朝》汉义译文，辽宁民族出版社，2010年，40页。

③《清实录·太宗实录》卷三十二，《清实录》第2册，中华书局，1985年，404页。

冰上、雪上的骑射技能。用于军事战争的骑射，表现了满洲先民尚武的传统，这正是清代冰嬉盛典"转龙射球"项目的直接来源。

清军入关以后，满洲统治者一直强调骑射的重要性。顺治年间，将骑射作为武举选拔的首要内容。清朝的武举制度形成于顺治元年（1644）。武举是满洲统治者为巩固统治，融合汉族科举制和满洲骑射传统而形成的科举制度。《清实录·世祖实录》："壬寅，谕兵部，国家选举人才共襄治理，文武两途，允宜并重。今科武举中式二百二十名。应照文进士一体殿试，朕亲行阅视。先试马步箭，次试策文。永著为例。其应行事宜，并考试日期、尔部速议具奏。"① 从此时起，清代武举殿试确立，皇帝亲自阅视。武举的内容先测试骑射，后测试文科。骑射是武举制度中最重要的测试项目。关于武举的时间，《清史稿》记载："武科，自世祖初元下诏举行，子午卯酉年乡试，辰戌丑未年会试，如文科制。乡试以十月，直隶、奉天于顺天府，各省于布政司，中式者曰武举人，次年九月会试于京师，中式者曰武进士。"② 由此可知，武举三年举行一次，第一年十月举行乡试，第二年九月举行会试，通过会试者参加殿试。武举殿试举行的时间地点都不固定。《熙朝纪政》记载："自顺治乙未，定武举照文进士殿试，兼马步射。庚子，上亲阅射于南苑。康熙间，于瀛台紫光阁，后间于畅春园。"③ 可见乾隆时期大阅冰嬉的瀛台，在康熙年间是武举殿试的举行地点。同样，《清实录》记载康熙三十九年（1700）冬十月"癸亥，策试天下中式武举于太和殿前。甲子，上御瀛台紫光阁，亲阅中式武举等，骑步射、技勇。试毕，命侍卫等开劲弓，俱满彀，上

---

① 《清实录·世祖实录》卷九十三，《清实录》第 3 册，中华书局，1985 年，734 页。

② 赵尔巽等：《清史稿》卷一百八《志八十三·选举三·武科》，中华书局，1976 年，3171 页。

③ [清] 王庆云：《熙朝纪政》卷一，上海书局，1902 年。

亲射二次，矢皆中的"。①康熙皇帝在亲阅武举之后，在瀛台紫光阁还自己开弓射箭。瀛台紫光阁在康熙朝奠定皇帝亲阅武举的基础，从此这里便有了观骑射、阅武事的象征意义。雍正朝延续了在瀛台紫光阁观武举的传统。爬梳《清实录》，雍正元年（1723）癸卯十二月"戊午，上御瀛台紫光阁，阅视中式武举骑射"；②"己未，上御瀛台紫光阁，阅视中式武举步射"；③"辛酉，上御瀛台紫光阁，阅视中式武举技勇"；④"壬戌，上御瀛台紫光阁，覆阅选取中式武举五十余人射"。⑤康熙、雍正两朝举行武举的时间在十月至十二月间，这个时间也是乾隆年间冰嬉盛典的举行时间。再看武举殿试的内容，顺治三年（丙戌年，1646）九月初九日清代第一场武举会试考试内容是"初九日试骑射、十二日试步射、十五日试策论"。武举最核心的测试内容是骑射和步射，冰嬉盛典"转龙射球"一项，最核心的技术就是冰上射箭。二者均以射箭作为考核标准，规则也十分相似。

日本冈田玉山等人编绘的《唐土名胜图会》，成书于嘉庆十年（1805）。书中记载大都可追溯到乾隆年间。书中有《紫光阁试武进士》和《冰嬉》两幅图，通过两幅图的比较，我们寻找武举殿试和冰嬉之间的关系。《紫光阁试武进士》一图，在紫光阁前的空地上，参加武举殿试的武进士正在进行骑射比赛，画面远处有箭靶，画面中央

---

① 《清实录·圣祖实录》卷二〇一《清实录》第6册，中华书局，1985年，51页。

② 《清实录·世宗实录》卷十三，《清实录》第7册，中华书局，1985年，249页。

③ 《清实录·世宗实录》卷十三，《清实录》第7册，中华书局，1985年，249页。

④ 《清实录·世宗实录》卷十三，《清实录》第7册，中华书局，1985年，250页。

⑤ 《清实录·世宗实录》卷十三，《清实录》第7册，中华书局，1985年，250页。

第四章 / 冰嬉起源的军事基础

《唐土名胜图会·紫光阁试武进士》

《唐土名胜图会·冰嬉》

的武进士正在骑马作开弓状。《冰嬉》图并未说明活动地点,但有关冰嬉的记载在描写西苑的章节,所以活动地点确定是在西苑太液池。画面近处一侧是敲击锣鼓的乐队,另一侧是举着八旗旗帜列队站立的将士。冰面上主体是类似兵阵的八旗阵形布局。处于中间位置的是骑在马上、手持旌旗的骑兵旗手,其后紧跟的是表演骑射的骑兵射手。在旗手和射手四周,有手持旌旗和武器的步兵,以特定的姿势向前滑行。画面可见步兵旗手脚踏冰滑子。这幅《冰嬉》图上反映的内容,是其他图画资料和文献记载中所不曾见到的。据《唐土名胜图会》记载:"严冬之日,八旗云集,手拿旌旗,骑马于冰上列队摆开阵势,是为冰戏。"① 这与我们一般认识的冰嬉项目不同,这幅图上所谓冰嬉,更像是以八旗骑射为中心的阵形演示。太液冰嬉中骑马射箭的展示内容,与骑射、武举乃至大阅等军事活动场景非常类似。可见冰嬉活动重要的军事意义。

---

① [日] 冈田玉山等编绘:《唐土名胜图会》卷二《京师·皇城》,日本文化二年刊,北京古籍出版社,1985年。

第二节　冰嬉与军礼

既然冰嬉"肄武事"是"循旧典"。我们就要梳理一下文献记载中冰嬉与阅兵的渊源。"肄武事"就是列阵进行军事展示，也就是我们现在熟知的阅兵典礼，属于清代典礼仪式中的大阅之礼。有关冰嬉制度的记载在《清朝通典》"礼典"和"乐典"中，也说明冰嬉是清代礼乐制度的组成部分。礼典中，冰嬉属于吉、凶、宾、军、嘉五礼中的"军礼"。除冰嬉外，军礼主要包括大阅、大狩、亲征之礼等典礼仪式。冰嬉属于大阅之礼，是皇帝阅兵典礼的组成部分。从制度上看，冰嬉与南苑阅兵规制相似。因此，冰嬉不仅是我们想象当中军事训练的一部分，更是清代阅兵典礼的重要组成。

清代最著名的大阅之礼是南苑阅兵。据《清史稿》记载："大阅天聪七年，太宗率贝勒等督厉众军，练习行阵，是为大阅之始。"① 大阅之礼始于皇太极时期，练习

---

① 赵尔巽等：《清史稿》卷九十《礼志九·军礼》，中华书局，1976年，2665页。

行阵是大阅的内容。这一传统在入关之后,继续发扬光大:"顺治十三年,定三岁一举,著为令。寻幸南苑,命内大臣等擐甲胄,阅骑射,并演围猎示群臣。"①顺治时期,定大阅之礼三年举行一次,大阅的内容有阅骑射和围猎。南苑阅兵是大阅之礼中最重要的活动。

与南苑阅兵规制相同的是大狩之礼——木兰秋狝。据《清史稿》记载:"秋狝清自太祖奋迹东陲,率臣下讲武校猎习兵,太宗踵行之。世祖统一区夏,数幸南苑,令禁旅行围,始立大狩扈从例……康熙二十年,幸塞外,猎南山。寻出山海关,次乌拉,皆御弓矢校猎。越二年六月,幸古北口外行围,木兰蒐猎始此。"②说明秋狝自努尔哈赤时期形成,后来被皇太极所继承。入关后,秋狝的传统一直保持。康熙年间,围猎确定在木兰围场举行。

无论是南苑阅兵、木兰秋狝还是太液冰嬉,都是锻炼八旗兵勇、保持八旗善武事传统的重要军礼活动。上述 3 项军礼活动几乎都有射箭、列阵等相似的训练展示项目。冰嬉在官方典制体文献中记载属于大阅活动的一部分,所以,冰嬉起源与南苑阅兵、木兰秋狝一样,都要追溯到入关前的满洲大地。大阅之礼初创于皇太极时期,秋狝形成于努尔哈赤时期,冰嬉盛典的源头也应该在努尔哈赤和皇太极统治时期中寻找。冰嬉的形成与八旗长期的战争经验有关,也与战时练兵、阅兵的传统有关。

冰嬉展现了满洲民族重视武事的传统。由于满洲生活地区的自然原因,追溯到清军入关之前,很多战争都在冬季进行。冬季作战的经验成为清朝立国的重要因素。冰嬉保存了在冰雪环境中作战的诸多传统,并在军礼仪式中展现出来,形成独特的阅兵仪式。

---

① 赵尔巽等:《清史稿》卷九十《礼志九·军礼》,中华书局,1976 年,2665 页。

② 赵尔巽等:《清史稿》卷九十《礼志九·军礼》,中华书局,1976 年,2668 页。

《马术图》[1]

我们欣赏一幅乾隆时期宫廷画师郎世宁绘制的《马术图》。这幅图反映了乾隆十九年（1754）十一月十五日，乾隆皇帝在避暑山庄举行欢迎卫拉特蒙古辉特部台吉阿睦尔撒纳的归附仪式，并招待他们观看马术表演的场景。虽然避暑山庄的马术表演和南苑大阅、木兰秋狝有一定区别，却也是皇帝亲自参加的大阅活动。马术与冰嬉都是在长期的军事背景下发展起来的庆典活动，有相似的阅武功能和政治需求。这为我们了解冰嬉提供了新的视角。《马术图》画面上，乾隆皇帝在王公大臣的簇拥下观看马术。马术表演的内容有骑射、马上技巧（花

---

[1] ［清］郎世宁等绘：《马术图》，故宫博物院藏。

马伎）等。参加表演的人员全部来自镶黄、正黄和正白三旗。射手和花马伎由高举三旗的骑兵旗手引导，按照固定的路线，依次展示。马上技巧包括执弓舞箭、倒立、举人、奏乐、攀登等。这种马术表演技巧与冰嬉"转龙射球"的表演技巧高度相似。两个项目均是满洲尚武事、重骑射、念旧俗在制度上的反映。《马术图》表现的马术表演是欢迎蒙古王公归附仪式的重要组成，马术和冰嬉盛典一样，都包含扬国威、震慑藩部的作用。

第三节 冰嬉与实战

明万历十一年（1583）四月，努尔哈赤攻尼堪外兰于图伦城，开启建州女真统一女真各部的战争。这一过程一直持续到后金天命四年（1619）八月，努尔哈赤攻克叶赫部东西二城灭叶赫部为止。女真各部的统一是努尔哈赤建立后金政权的基础，也是起兵反明的基础，更是此后迁都辽阳、盛京的基础。探寻冰嬉与战争的关系，了解满洲先祖重视冰雪的传统，寻找冰嬉活动的起源，就要梳理女真各部整合过程中，在冰雪环境下的军事战争。此处将努尔哈赤和皇太极统治时期，满洲（女真）在冬季的战争情况记录如下：

万历十二年（1584）正月，努尔哈赤征理岱于兆佳城。据《清实录·满洲实录》记载："时值大雪，至刚哈岭，山险兵难进，太祖之叔暨兄弟辈同劝回兵，太祖曰：'理岱系我同姓，乃忍引他人害我，我岂甘心？'遂凿山为磴，鱼贯而上，将马以索系拽上岭，至理岱城下。"① 兆佳城位于现在新宾满族自治县下营子赵家村，理岱是兆佳城城主。努尔哈赤起兵时，理岱引导哈达部抢劫努尔哈赤控制的瑚齐寨。努尔哈赤先发制人，由瑚齐寨出兵，攻打兆佳城。正值正月寒冬，遇上大雪。行军路上，需翻越噶哈岭。山势陡峭，路滑难行。努尔哈赤凭借卓越的胆识和冰雪战争经验，命将士凿山为磴，用绳子拴紧马匹，沿山坡走势鱼贯而上。最终围攻兆佳城，大获全胜。

万历十三年（1585）二月，努尔哈赤进兵界凡城，因界凡城有准备，所以没有收获。界凡、萨尔浒、栋佳、巴尔达4城守军，追努尔哈赤至界凡太兰之野。② 这场战役同样是在冰雪环境下进行的，努尔哈赤全身而退。界凡城位于浑河和苏子河交汇的铁背山上，三面环水，一面连山，地理位置极为险要。在这里，努尔哈赤利用冰雪环境让自己的军队撤退，并佯装有伏兵的样子，表现出对冰雪环境的熟悉程度和卓越胆识。

万历十五年（1587）正月，董鄂部、完颜部归降努尔哈赤。

万历十七年（1589）正月，努尔哈赤率兵攻取浑河部之兆佳城。③《清实录》关于此段记载多集中在战争过程，并无冰雪环境的记录。但正月出兵，围城四日。如果没有丰富的冬季生存经验是很难做到的。

万历十九年（1591）正月，努尔哈赤遣兵攻长白鸭绿江部，全胜而回。④ 叶赫、哈达、辉发三部遣使至建州索要土地，努尔哈赤挥刀断

---

① 《清实录·满洲实录》卷一，《清实录》第1册，中华书局，1986年，40页。

② 《清实录·满洲实录》卷二，《清实录》第1册，中华书局，1986年，55页。

③ 《清实录·满洲实录》卷二，《清实录》第1册，中华书局，1986年，75页。

④ 《清实录·满洲实录》卷二，《清实录》第1册，中华书局，1986年，77页。

案斥责。在冬季环境下，出兵征战鸭绿江，进取鸭绿江部后，努尔哈赤统辖区域西起抚顺、东至鸭绿江、北接开原、南连清河，已经统一建州女真大部分区域。

万历二十一年（1593）闰十一月至次年三月，努尔哈赤命剿诛讷殷部长于佛多和城。①

万历二十六年（1598）正月，努尔哈赤命其幼弟巴雅喇、长子褚英等率兵征安褚拉库路，获人畜万余而回。②

万历三十二年（1604）正月，努尔哈赤率兵攻叶赫部克张城、阿气兰城而还。③

万历三十五年（1607）正月，乌喇部管辖的东海瓦尔喀部归附努尔哈赤。乌喇部首领布占泰截击，大败。④ 在这次战役中，努尔哈赤追杀败兵之时，忽然有阴云大雪，受伤被俘冻死数量非常多。

万历三十七年（1609）十二月，努尔哈赤命扈尔汉征东海窝集部所属瑚叶路，获人畜二千而还。⑤

万历三十八年（1610）十二月，努尔哈赤派何和里等统兵征库尔哈部克扎库塔城，并招抚附近部民。

万历四十一年（1613）正月，努尔哈赤亲率大军征讨乌喇部，攻

---

①《清实录·满洲实录》卷二，《清实录》第 1 册，中华书局，1986 年，100 页。

②《清实录·满洲实录》卷二，《清实录》第 1 册，中华书局，1986 年，106 页。

③《清实录·满洲实录》卷三，《清实录》第 1 册，中华书局，1986 年，123 页。

④《清实录·满洲实录》卷三，《清实录》第 1 册，中华书局，1986 年，127 页。

⑤《清实录·满洲实录》卷三，《清实录》第 1 册，中华书局，1986 年，141 页。

占乌喇城。布占泰逃亡叶赫，乌喇灭亡。①

万历四十二年（1614）十一月，努尔哈赤征取东海之南窝集部雅兰路、西璘路，降民二百户，牲畜一千而回。②

万历四十三年（1615）十一月，努尔哈赤遣兵征窝集部东额赫库伦城，取其城，杀人八百，俘获万余，收降五百户而回。③此役后，努尔哈赤建八旗，立朝臣，并定五日一朝会。努尔哈赤立国的军事、政治制度开始建立。次年，努尔哈赤称汗建立后金，建元天命。

天命三年（1618）努尔哈赤"遣达尔汉辖、硕翁科罗二将，领兵二千，征东海萨哈连部。二将承命，于七月十九日起兵，行至兀尔简河，造船二百只，水陆并进，取沿河南北寨三十有六。至萨哈连江南岸佛多罗衮寨安营。初萨哈连江每年十一月十五日、二十日中间方结冰，松阿里河十一月初十日、十五日中间方结冰。是年十月初一日，达尔汉辖、硕翁科罗二人兵至其处，见萨哈连江水未结。独对寨之处河宽二里，横结冰桥一道，约六十步。将士皆奇之。忻然相谓曰，此实天助一桥也。领兵渡之，取萨哈连部内寨十一处，及兵复回，其冰已解矣。迤西又如前结冰一道，已渡，冰复解。后至十一月应时始结"。④

天命四年（1619）正月，努尔哈赤征叶赫部，攻克20多个城寨。⑤至此，女真各部内部统一战争结束。叶赫，也是努尔哈赤扫除后金与

---

①《清实录·满洲实录》卷三，《清实录》第1册，中华书局，1986年，157页。

②《清实录·满洲实录》卷四，《清实录》第1册，中华书局，1986年，171页。

③《清实录·满洲实录》卷四，《清实录》第1册，中华书局，1986年，179页。

④《清实录·满洲实录》卷四，《清实录》第1册，中华书局，1986年，190页。

⑤《清实录·满洲实录》卷五，《清实录》第1册，中华书局，1986年，222页。

明朝开战的最后顾虑。

天命四年正月，努尔哈赤令穆哈连领兵1000人，收纳东海库尔哈部遗民。[①]

纵观努尔哈赤统一女真各部的战争，很多关键战役是在冬季进行的。其中，进攻兆佳城、界凡城是明确记载在冰雪环境中的战斗。征东海萨哈连部，《清实录》关于冰桥的记载更是具有传奇色彩。努尔哈赤对女真各部的统一战争最终也完成在冬季。白山黑水间，漫长冰雪季中的战斗经验，是八旗骁勇之师的精髓。善冰雪与骑射一样，是八旗兵战斗力的体现。长期的冰雪战斗经验，成为后金立国后女真人的共同记忆，也成为清军入关后满洲追忆祖先功绩的共同记忆。因此，后金立国后在正月开展冰上庆典活动，有明确的军事因素影响。在统一女真各部之后，努尔哈赤与明军的战争仍然受季节影响。

天命四年（1619）二月至三月，努尔哈赤在萨尔浒城大破明军。此后，明朝与后金的攻守局势转换。后金取得在辽东地区对明军的绝对优势，为辽沈之战奠定基础。萨尔浒之战虽然发生在二月至三月，但冰雪一直是影响战争的重要因素。战争过程中，明中路左翼总兵杜松在三月初一日令明兵结筏渡河。由于水流湍急，初春冰融，木筏入水很快就被冲走。结筏渡河失败。此后，杜松策马渡河，众将士跟随。在河中马被冰块撞倒，步兵溺水者数量众多。上岸者又遇雨雪交加的天气，未开战，明军已损失惨重。明军集结于萨尔浒山。此时，雨雪之下，山间云雾弥漫，影响明军视线，于是明军点燃火炬交战。反观努尔哈赤率八旗兵，利用雨雪云雾，在黑暗处射杀明军有火炬的地方，尽取萨尔浒山寨。萨尔浒山一战，确立了后金与明在整场战役中的走势。初春时节，明军结筏渡河显然没有考虑东北冰期长的气候特点。相比之

[①]《清实录·满洲实录》卷五，《清实录》第1册，中华书局，1986年，224页。

下，长期生活在这里的后金军队善于利用冰雪特质，将战局导向有利的一面。寒冷的冰雪环境成为后金在战争中取胜的有利条件。

辽沈之战后，努尔哈赤在天命七年（1622）正月，发起广宁之战。大军从辽阳出发，攻克广宁城外围军事防线西平堡。此后，广宁守军开城投降。广宁之战后，后金尽占辽东土地，并占领辽西大部。此后，明朝与东部蒙古各部的联系被后金切断，东部蒙古悉数归附后金。

天命十一年（1626）正月，努尔哈赤发起宁远之战。在宁远城久攻不下的情况下，努尔哈赤大军偷袭觉华岛。时值隆冬，海面冰封。明军为防守觉华岛，开凿冰壕。当时驻守的明军基本以水手构成，不善陆战。而后金军队以骑兵为主，发挥八旗士兵善冰雪作战的传统。觉华岛被后金攻克。虽然宁远之战最终后金失败，但是发挥冰上作战的优势攻克觉华岛，是八旗士兵善冰雪作战的证明。努尔哈赤在隆冬时节主动发起南下对明的战争，说明后金对冬季作战非常有信心。

努尔哈赤与明军的主要战争萨尔浒、广宁和宁远之战，均是在冬季冰雪环境下进行的战争。八旗兵利用冰雪环境取得战斗的胜利，足以奠定冰雪在八旗将士心中的地位，也奠定了冰雪战斗在后金政权的传统。

天聪元年（1627）正月，皇太极继位后4个月，就发起对朝鲜的征伐战争。崇德元年（1636）十二月，皇太极再次发兵朝鲜，朝鲜仁祖被迫求和。此后，朝鲜成为大清藩属国。清军入关的后顾之忧彻底解除。皇太极两次征伐朝鲜，均是在隆冬时节主动发起的。皇太极继承了努尔哈赤时期善在冰雪环境中战斗的传统。这种传统深植于八旗之中，随清军入关带入山海关内，成为冰嬉盛典形成的重要因素。

第五章 冰嬉起源的项目基础

前4章的论证，从冰嬉起源的核心问题、自然地理基础、生产生活基础和军事基础等方面寻找冰嬉起源的间接证据。在爬梳史料的过程中，我们需要寻找冰嬉起源的项目基础和直接证据。冰嬉起源的直接证据，就是早于清乾隆十年（1745），与冰嬉各个项目直接相关的冰上运动及其发展轨迹。

第一节　天命十年太子河畔跑冰戏

《满文老档》作为清军入关前最重要的编年体史书，是满族兴起过程的可靠历史记录。《满文老档·太祖朝》记载了天命十年（1625）正月，努尔哈赤带众人冰上娱乐嬉戏的史实。关于这段记载，见于1990年中华书局版《满文老档》和2010年辽宁民族出版社版《内阁藏本满文老档》。此外，民国时期金梁先生曾将盛京故宫（即沈阳故宫）旧藏《满文老档》中的1/20翻译成汉文，于1929年出版《满洲老档秘录》，1933年又出版《满洲秘档》。二书内容基本相同。《满洲秘档》里同样提到上述史实。本文将3处记载誊录，还原天命十年冰上活动的全过程。

乙丑年正月初二日，汗率众福晋、八旗诸贝勒及其福晋、蒙古诸贝勒及其福晋、众汉官及官员之妻等，至太子河冰上，玩赏踢球之戏。诸贝勒率随侍人等玩球二次之后，汗与众福晋坐于冰河中间，命于两边等距离奔跑，先至者赏以金银，头等各二十两，二等各十两。先将银置于十八处，令众汉官之妻跑往取之。落后之十八名妇人，未得银，故每人赏银三两。继之，将每份银二十两、金一两置于十二处，令众女儿、众小台吉之妻、福晋及蒙古之众福晋等奔跑，众女儿、众贝勒之妻及福晋等先至而取之，蒙古众福晋落于后，故赏此十二妇人金各一两、银各五两。跑时摔倒于冰上者，汗观之大笑。遂杀牛羊，置席于冰上，筵宴，戌时回城。①

乙丑年正月初二日，汗率众福晋、八旗诸贝勒、福晋、蒙古诸贝勒、福晋、众汉官及官员之妻，至太子河冰上，玩赏踢球之戏。诸贝勒率随侍人等玩球二次之后，汗与众福晋坐于冰之中间，命于二边等距离跑之，先至者赏以金银，头等各二十两，二等各十两。先将银置于十八处，令众汉官之妻跑往取之。落后之十八名妇人，未得银，故每人赏银三两。继之，将每份二十两银置于八处，令蒙古众小台吉之妻跑往取之。落后之八名妇人，各赏银十两。继之，将每份银二十两，金一两置于十二处，令众女儿、众小台吉之妻、福晋及蒙古之众福晋等跑之，众女儿、众贝勒之妻及福晋等先至而取之，蒙古众福晋落于后，故赏此十二名女儿金各一两，银各五两。跑时摔倒于冰上者，汗观之大笑。遂杀牛羊，置席于冰上，筵宴，戌时回城。②

跑冰戏

天命十年正月初二日，上率众福晋、八旗蒙古诸贝勒及其福

---

① 中国第一历史档案馆整理、编译：《内阁藏本满文老档·太祖朝》汉文译文，辽宁民族出版社，2010年，229页。

② 中国第一历史档案馆、中国社会科学院历史研究所译注：《满文老档》，中华书局，1990年，619页。

晋、诸汉官员及其妻等，御太子河冰上踢形头。诸贝勒率随侍人等踢形头二次。上与众福晋御冰之中央，命于两旁约地赛跑。先至者以金银为赏。初一等每分银二十两，二等每分银十两。置银十八分，使汉官员之妻等赛跑往取。落后者十八人，每人亦赏银三两。次每分二十两，置银八分，使蒙古小台吉之妻赛跑往取，落后者八人，每人亦赏银十两。次每分银二十两金一两，置金银十二分，使众人妻子与小台吉之妻等、诸贝勒福晋与蒙古之众福晋等，均同赛跑往取。诸贝勒福晋及众人之妻与小台吉之妻均至。蒙古福晋落后者十二人，每人亦赏金一两，银五两。间有坠于冰者，上览之大笑。遂筵于冰上。戌时还城。①

我们先对比一下3处文献记载的差异。1990年中华书局版《满文老档》和2010年辽宁民族出版社版《内阁藏本满文老档·太祖朝》同样内容对比，辽宁民族出版社版缺少跑冰赛第二组、蒙古小台吉之妻单独跑冰赛的记载。而此二本和《满洲秘档》的差异，主要是对冰上"玩赏踢球"的翻译差别。《满洲秘档》将冰上"玩赏踢球"直接翻译成"踢形头"，说明天命十年（1625）太子河畔冰上玩球与满族传统项目"踢形头"之间的密切联系。

天命十年正月初二日，努尔哈赤率领后金宫廷的主要官员及其家属，在太子河冰面上举行跑冰盛典。参加人员包括努尔哈赤及福晋、八旗诸贝勒及福晋、蒙古诸贝勒及福晋、汉人官员及汉官夫人等人。地点是东京辽阳城以西的太子河冰面。冰上嬉戏的项目包括冰上踢球和跑冰两部分，其中男子参加的是踢球比赛，女子参加的是跑冰比赛。首先进行的是八旗和蒙古贝勒率随侍参加的冰上玩球。玩球两次之后，

---

① 金梁辑：《满洲秘档》，《近代中国史料丛刊》第十一辑，文海出版社，1966年，97—98页。

开始跑冰赛。跑冰赛中，努尔哈赤和福晋们坐在冰面中央，命令众女子从河两边等距离跑向努尔哈赤。跑冰赛分为三组：第一组是汉官之妻跑冰赛。在跑冰赛开始之前，先将银两放置在冰面 18 处既定位置，然后汉官之妻在冰面上奔跑抢夺银两。奖励分为一等、二等和安慰奖。一等奖奖励白银 20 两，二等奖奖励 10 两。之后落后的 18 名妇人每个人得赏银 3 两。第二组是蒙古女子跑冰赛。先将每份白银 20 两放置在冰面 8 个既定地点，然后蒙古小台吉之妻在冰上奔跑夺取银两。奖励分为抢到冰面上的白银和赏银两种。8 名没有得到冰面银两的女子各赏银 10 两。第三组是八旗和蒙古女子共同参加的跑冰赛。先将每份白银 20 两、黄金 1 两置于冰面 12 处，让八旗和蒙古女眷奔跑抢夺。奖励仍然分为抢到冰面上的金银和赏银两种。结果是八旗女儿、贝勒妻和福晋先到，得到放在冰面上的金银。蒙古福晋落后，所以给 12 个蒙古福晋奖励黄金各 1 两、白银各 5 两。在跑冰活动结束之后，在冰面上宰杀牛羊，布置筵席庆祝。参加冰上活动的人们晚上才回到辽阳城。

具体分析一下天命十年（1625）的这场皇家冰上活动。天命十年正月，是努尔哈赤从赫图阿拉迁都辽阳的第四年，也是迁都盛京之年。努尔哈赤和后金贵族生活的辽阳城是天命六年（1621）新筑，城址的西南方就是太子河。此时，后金政权已统治辽东大部分地区。辽阳城处于辽东腹地。在这里，除非后金主动发起战争，否则几乎没有来自外界的战争威胁。新筑城池，稳固耐用，政权安定。这次皇家冰上活动正值大年初二日，举行跑冰活动应该属于节日庆典的组成部分。按照民间习俗，大年初二日是出嫁女回门的日子。天命十年的跑冰戏有众多女眷参加，推测可能与回门习俗有关。将跑冰戏安排在过大年期间，说明跑冰戏和节日庆典有一定关系。跑冰戏作为满洲民俗，在节日庆典中开展的传统，一直延续到乾隆时期的冰嬉盛典。

参加人员是后金统治集团女真、蒙古、汉人中的贵族、官员及其亲眷。根据文献中的称谓来看参加人员的等级，"汗"是后金汗努尔哈赤，"众福晋"是努尔哈赤妻妾的称呼。由于后金时期汗的后妃制度处于初始阶段，所以努尔哈赤的妻妾没有固定封号，统一称"福晋"。"八旗诸贝勒"是清代宗室贵族的爵位，但在后金时期没有那么严格，可以泛指统治集团内部的女真贵族。"蒙古诸贝勒"指的是参与到后金政权中的蒙古贵族。后金崛起的过程中，努尔哈赤集团拉拢分布在与后金邻近的蒙古部共同抗明。在萨尔浒战役和攻占辽沈地区的战争中，蒙古势力都曾经发挥重要作用。在后金占领辽沈地区，也就是后金迁都辽阳之后，喀尔喀蒙古五部和兀鲁特部主动归降，以蒙古牛录的形式编入满洲八旗。后金与蒙古二旗联姻，以示对蒙古二旗的诚意，形成满蒙一家的局面。天命九年（1624），后金与蒙古科尔沁部结盟，又一支蒙古力量进入后金军事集团。"蒙古诸贝勒"应该就是这些和后金关系最密切的蒙古贵族。这些蒙古贝勒和后金贵族多有姻亲关系。"福晋"指的是女真和蒙古贵族的夫人，清代以后，只有宗室亲王、郡王之妻称福晋。但在后金时期，"福晋"的称呼并不严格，可以泛指后金女真和蒙古贵族的夫人。"诸汉官"就是服务于后金政权的汉人官员。参加跑冰戏的人员涵盖后金统治集团内部不同民族、不同等级。在跑冰活动结束后，所有参赛人员都得到奖励，并一起参加冰上筵宴。从参加人员的角度来看，此次冰上活动绝不是简单的娱乐，而是带有明确政治意义的节日庆典活动。

  皇家冰上活动的地点是辽阳城外的太子河上。太子河有南北两个源头，北太子河源在今新宾满族自治县南，南太子河源在今本溪满族自治县东。二者在北甸附近汇合后，向西流向辽阳。努尔哈赤新筑东京城和明代辽阳旧城分别位于太子河的东西两岸。新年伊始，太子河面千里冰封，具备开展冰上活动的良好条件。

  冰上活动的项目包括踢球和跑冰两项。其中，八旗和蒙古贝勒率随侍参加冰上踢球，女眷参加等距离跑。男子和女子比赛同场进行的理念，与现代运动会的理念相似。冰上踢球的过程原文中没有过多记载，我们先来看等距离跑一项。冰上等距离跑是专门为女子设定的比赛项目。从义献记载来看，努尔哈赤和福晋坐在冰上的位置，应该是跑冰赛的起点，终点是放置金银的冰面。众人从起点跑向放置金银的冰面各处。根据《满文老档》"等距离跑"的记载，我们可知从起点到放置金银的冰面各处，距离应该是相同的。

跑冰赛有明确的奖励办法，同为女子跑冰赛，因为民族不同、分组不同，奖励也有差别。参赛女子按照民族分为3组。第一组是汉官夫人跑冰赛。首先将银子放在冰面18个地点。努尔哈赤和福晋所在处为起点，银子放置处即为终点，然后比赛开始。奖金分为一等奖励白银各20两，二等奖励白银各10两。落后没有得到银子的18名妇人，每人赏银3两。也就是说参加汉官夫人跑冰赛一共有36个人，参赛的每个人都得到了比赛奖励。遗憾的是，从文献记载来看，我们并不知道一等和二等奖励是如何区分的，也不清楚一等和二等奖励各有多少人。第二组是蒙古小台吉妻子跑冰赛。首先将每份20两银子置于冰上8处，起点和终点不变，然后让蒙古小台吉的夫人们比赛。落后没有得到银子的妇人，每人赏银10两。也就是说参加蒙古女子跑冰赛的一共有16人，同样每个人都得到了比赛奖励。与第一组不同的是，蒙古贝勒福晋组，无论获胜还是安慰奖，银子数量都远高于汉官夫人组。这体现的是跑冰赛的分组差别，更是后金政权贵族的等级差别。第三组是女真八旗贵族妇人和蒙古福晋跑冰赛。先将每份20两银、1两金放置在冰上12处，令八旗贵族女子和蒙古福晋开始比赛。很有趣的结果是，八旗贵族女子取得胜利，得到放在冰面上的奖励。而蒙古福晋落后，每人得到赏银5两、金1两。第三组参赛女子共24人，其中八旗贵族女子和蒙古福晋各12人。第三组比赛是女子跑冰赛中等级最高的一组，所以奖励也最多。前两组跑冰赛的奖励只有银子，而有八旗女子参赛的奖励有金银两种。八旗贵族女子获得比赛胜利得益于女真人擅长在冰上活动的习俗，更重要的是后金政权中八旗的地位高于蒙古。二者一同比赛，蒙古福晋心情复杂，不敢真正使出全力。可以说第三组八旗和蒙古女子同场竞技，政治性和表演性都远高于跑冰赛的竞技性。第三组胜利者得到的奖励在所有女子跑冰赛中是最多的，而失利者的安慰奖也几乎与第二组胜利者的奖励相当。① 女子跑冰赛的分组等级差别明显。

跑冰赛的器材也是值得关注的内容。天命十年（1625）跑冰赛是否穿冰鞋，一般有两种观点：第一，有学者认为《满文老档》记载的"等距离跑"是冰上赛跑的一种形式，与冰嬉活动的"抢等"类似，与现代的速度滑冰十分相似。② 按照这种说法，跑冰赛就应该是穿着冰鞋的速滑比赛。第二，跑冰赛与满族传统体育项目"雪地走"相似。跑冰赛很可能是穿着旗鞋在冰上竞速的比赛。正因为旗鞋不易在冰上行走，才有了"跑时摔倒于冰上者，汗观之大笑"的记载。无论是冰鞋还是旗鞋，都是后人的推测，并没有找到原始文献记载。这里笔者也推测一下跑冰赛到底穿什么形制的鞋子。根据《满文老档》记载，入关前的八旗子弟多穿靴子。如天命三年（1618）十月初十日，虎儿哈部百户归降，赐为首八大臣的物品中包括皂靴③；天命四年（1619）六月初八日，收服虎儿哈部移民，赐降民的生活物品中就包括帽靴④；天命六年（1621）

---

① 明清时期，金银的比例大概是1∶10，也就是1两黄金约合10两白银。按照这个比例计算，第三组失利者奖励略低于第二组胜利者。

② 隋东旭：《从〈满文老档〉看清入关前满族宫廷体育》，《体育文化导刊》2018年4期，125—129页。

③ 中国第一历史档案馆整理、编译：《内阁藏本满文老档·太祖朝》汉文译文，辽宁民族出版社，2010年，24页。

④ 中国第一历史档案馆整理、编译：《内阁藏本满文老档·太祖朝》汉文译文，辽宁民族出版社，2010年，31页。

六月，赐获战功爱塔帽靴①；天命八年（1623）八月十七日，赐斋赛贝勒密缝棉靴②等。这些都是八旗上层男子穿靴的直接证据。而八旗百姓很可能穿着传统的靰鞡鞋。清人沈承瑞生活在乾隆至道光年间，他在《香余诗钞》中有《咏乌拉草二首》，其中诗序记："土人缝皮为鞋，附以皮环，纫以麻绳，最利跋涉，国语名曰乌拉。"③乌拉即靰鞡鞋，这种靰鞡鞋广泛流行在明清时期的东北地区。

入关前八旗女子的鞋子形制，与旗鞋的起源密切相关。关于旗人"寸子鞋"的由来有3种说法：第一种，民间传说满族先祖多罗甘珠女罕为父报仇，路过"红眼哈塘"。泥塘深3尺多（约30多厘米），是复仇的必经之路。多罗甘珠女罕用木头做成木鹤腿，绑在鞋上，顺利渡过泥塘。后世为纪念英雄，将其发展成为旗鞋。第二种，满族有"削木为履"的习俗。女子上山采集物产的过程中防止蛇虫叮咬，将鞋底绑上木块。第三种，满族受到汉人"三寸金莲"的审美影响，制作出显得脚小的高底鞋。④笔者认为第三种由来较为可信。如果是生产劳动中防止蛇虫叮咬，那靴子的效果要远好于高底鞋。而且高底鞋限制人的活动，并不适用于生产劳动中。满洲入关后，受汉人影响巨大，以至于满洲风俗逐渐弱化。当时汉人对裹脚的推崇已达到极致。这势必影响到不裹脚的旗人女子重新认识旗人的穿着。旗鞋是在不裹脚的情况下，追求汉人审美而产生的妥协产物。由此推测，入关前的八旗女子应该不穿旗鞋。入关前，八旗贵族女子穿木底鞋，普通百姓妇女穿千层

---

① 中国第一历史档案馆整理、编译：《内阁藏本满文老档·太祖朝》汉文译文，辽宁民族出版社，2010年，77页。

② 中国第一历史档案馆整理、编译：《内阁藏本满文老档·太祖朝》汉文译文，辽宁民族出版社，2010年，83页。

③ [清]沈承瑞著，蒙秉书标注：《香余诗钞》（与《吉林纪事诗》合本），吉林文史出版社，1988年，12页。

④ 贾琦、韩娟：《清代旗鞋形制与内涵探析》，《装饰》2017年12期，138—139页。

底绣花鞋。[①]无论是木底还是布面为底，都是典型的平底鞋。满族传统体育项目"雪地走"，仅限女子参加。这是因为清代宫廷女子脚穿寸子鞋在雪地行走不易，才开展雪地竞速比赛。雪地走比赛以速度快不湿鞋为标准。相比之下，天命十年（1625）太子河上的女子跑冰赛，明显有"跑"的动作。谁跑得快，谁赢得比赛，这和"走"有着本质区别。单就冰面和雪面来说，冰面的动摩擦因数更小，如果是脚穿寸子鞋，脚心受力行走，基本不可能形成跑的动作。所以笔者认为穿寸子鞋的跑冰比赛是不存在的。

至于天命十年（1625）太子河跑冰戏是否穿着冰鞋，笔者的推测也是否定的。首先，在《满文老档》中没有发现有关冰鞋的任何记载。如果天命十年女子大规模地使用冰鞋，却在文献中没有记载，是很难想象的事情。其次，上文梳理有关北方民族的冰雪用具时，仅隋唐时期的拔野古有"著木脚"在冰上滑行的记录。虽然，后世曾流传关于完颜阿骨打使用冰滑子和努尔哈赤使用乌拉滑子的传说，但这两个传说都是战争中使用冰鞋的记录。就算有滑冰的"特种部队"存在，这与八旗女子普遍会滑冰的推测差距巨大。最后，在乾隆十年（1745）冰嬉盛典之前，有关冰鞋的记载几乎不见于文献。那么在入关之前，八旗女子脚穿冰滑子比赛就更不可能实现了。由此推测，天命十年太子河冰上运动，女子可能穿着木底鞋，也可能是冬靴一类的鞋子。穿着木底鞋的女子参加跑冰赛，妇人很可能摔倒在冰面上，造成滑稽的场面，所以才有"汗观之大笑"的场景。

[①] 安依雯、曾慧：《满族旗鞋的形制与文化内涵研究》，《满族研究》2017年3期，110—114页。

第二节　崇德七年浑河河畔"蹴鞠之戏"与"踢形头"

天命十年（1625）太子河上举行的冰上活动，包括"玩赏踢球之戏"一项。崇德七年（1642），文献中又有在盛京浑河冰面上举行"蹴鞠之戏"的记载。清军入关前，后金（清）政权举行的冰上活动都包含冰上玩球，所以本文有必要梳理一下满洲先民冰上玩球的历史。

《满文老档》记载："乙丑年正月初二日，汗率众福晋、八旗诸贝勒及其福晋、蒙古诸贝勒及其福晋、众汉官及官员之妻等，至太子河冰上，玩赏踢球之戏。"[①] 同样，《满洲秘档》翻译为："天命十年正月初二日，上率众福晋、八旗蒙古诸贝勒及其福晋、诸汉官员及其妻等，御太子河冰上踢形头。诸贝勒率随侍人等踢形头二次。"[②] 对比两个文本发现，翻译较早的《满洲秘档》，将努尔哈

---

① 中国第一历史档案馆整理、编译：《内阁藏本满文老档·太祖朝》汉文译本，辽宁民族出版社，2010年，229页。

② 金梁辑：《满洲秘档》，《近代中国史料丛刊》第十一辑，文海出版社，1966年，97—98页。

赤的称呼翻译成"上",将冰上玩球译成了"踢形头"。现代学者翻译努尔哈赤的称呼为"汗",项目翻译成"玩赏踢球"。"上"即"皇上",是汉人对帝王的称呼,"汗"即"可汗",是北亚民族政权首领的称谓,阿尔泰语系民族对首领的尊称。努尔哈赤建立后金,在赫图阿拉称"覆育列国英明汗",其实是效仿蒙古政权的传统。皇太极在盛京建国号大清,并称帝,是效仿汉人政权的传统。所以,对努尔哈赤称"汗"的翻译更符合历史事实。而另一处"踢形头"和"踢球"之间的翻译差别,让笔者勾连起二者之间的内在关系。"踢形头"是满洲传统体育项目。民国时期翻译的"踢形头"其实就是冰上踢球比赛。

据以往学者研究,"踢形头"是满族人春节前后广泛开展的一项游戏活动。这种游戏活动始于公元前2200年满族先祖肃慎人。起初,"踢形头"并没有游戏规则。到了明末,在女真人中兴盛起来,成为原始的娱乐活动。"踢形头"比赛,一般选在江河冰上或旷野的开阔地,踢时画3道横线为界,设3名裁判,每人各执一根木杆立于线上,双方任何一方将"形头"踢入线内,裁判手中木杆即刻落下,判为得分,得分多的为胜方。① 满族入关后把冰上活动带到关内。② 清朝历代皇帝几乎每年都亲率官员及妻妾子女在苏子河、浑河、中南海上举行"踢形头"比赛。形头是用兽皮缝制成球状,内装绵软之物,大小形状与现在的足球相似。③ 在民间流传过一则谜语:"孔明摆下八卦阵,苏秦说动六国兵,千军万马争高下,好像五鼠闹东京!"谜底就是"踢

---

① 彭迪、宋智梁、张良祥:《黑龙江省少数民族体育非物质文化遗产传承发展与实证研究》,《黑龙江民族丛刊》2016年4期,154—158页。
② 高玉侠:《辽沈地区满洲文化资源分布描述》,《沈阳师范大学学报(社会科学版)》2005年2期,41—44页。
③ 梁显辉、韩广义:《黑龙江满洲传统体育特性研究》,《科学技术创新》2011年28期,189页。

形头"。①

据笔者爬梳史料,"踢形头"起源于肃慎人的说法并没有足够的历史依据。"踢形头"一词最早见于明代小说《金瓶梅》。在《金瓶梅》中,"踢形头"是一种流行于市井的游戏。满族先民"踢形头"和明代小说记载的"踢形头"最大区别是满族先民是在冰上或是旷野踢球,而小说中的"踢形头"是在市井进行。很遗憾,《满文老档》没有明确说明玩赏踢球的具体过程。文献记载中鲜见天命十年(1625)之前有关"踢形头"的记载,我们只能根据明清文献记载和民间传说,推测天命十年太子河上玩赏踢球的场景。

在天命十年玩赏踢球的记载之后,笔者在《昭显沈阳日记》中发现了皇太极统治时期,在浑河冰面上举行"蹴鞠之戏"的记载。《昭显沈阳日记》是朝鲜昭显世子李溰在盛京做人质时,对皇太极政权的重要历史事件的记录,有很高的史料价值。这部史书记录了崇德七年(1642)清政权在盛京浑河冰面上举行"蹴鞠之戏"的历史事实。崇德七年"蹴鞠之戏"相距天命十年"玩赏踢球"17年。这对我们了解入关之前冰嬉活动的发展过程具有重要意义。

> 初八日戊寅　晴
>
> 世子在沈阳馆所。满将以其帝言送通事来曰:"即往冰江观蹴鞠之戏。世子大君当同往观之。"云:"食后从南门出,列阿里江畔。"世子大君随行内官员司书赵全素、司仆主簿朴洞、禁军三员、九质子应从。少留江上观戏,仍往贵永介庄舍设酒食,日暮乃还,从东门入。②

---

① 伊葆力、王禹浪:《拉林阿勒楚喀地区的满族民间文化活动》,《满族研究》2001年2期,80—85页。

② 《昭显沈阳日记》,见弘华文主编:《燕行录全编》第1辑第10册,广西师范大学出版社,2015年,61页。

十五日乙酉　晴

世子在沈阳馆所停望殿礼。宰臣讲院医馆问安，答曰"知道"。赐宰臣讲院香饭酒膳。清主又往阿里江设蹴鞠之戏，从东门出，世子随行，大君面有肿候，不可以风，辞谢不诣。内官二员文学南老星司御许。遂宣传官申可贵李卓男，禁军三员陪往观戏。后仍往牧马庄舍设酒食，一如前诸质子应从日入城。①

壬午年正月初八日和十五日，也就是清崇德七年（1642）过大年期间，皇太极在盛京城外举行"蹴鞠之戏"。"阿里江"就是浑河。浑河在盛京城的东南方，所以观"蹴鞠之戏"出入东门和南门就可以到达冰面。正月初八日，朝鲜昭显世子和凤林大君随满洲贵族从盛京城南门出，一同到浑河冰面。观"蹴鞠之戏"后，在庄舍设筵宴庆祝。傍晚

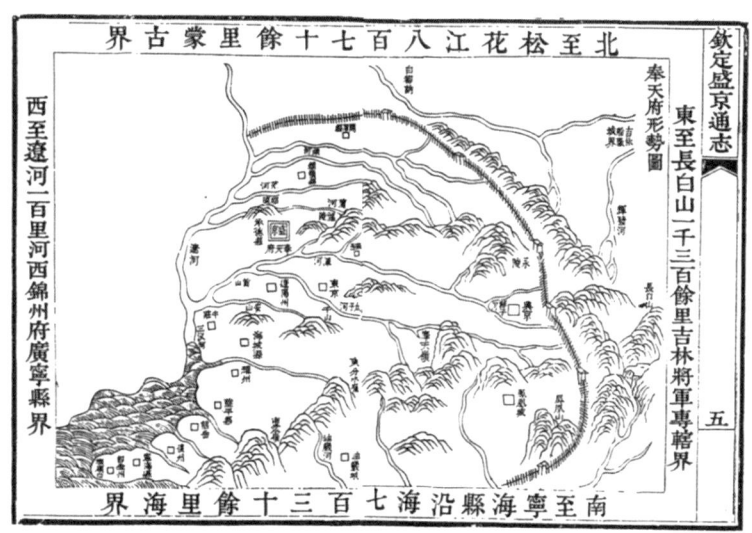

盛京、兴京位置与周边水系分布情况②

①《昭显沈阳日记》，见弘华文主编：《燕行录全编》第 1 辑第 10 册，广西师范大学出版社，2015 年，63—64 页。

②《乾隆盛京通志·盛京全图》，见凤凰出版社选：《中国地方志集成·省志辑·辽宁》，凤凰出版社，2009 年，10 页。

时分一行人马从东门回城。7天之后，也就是正月十五日当天，皇太极又在浑河举行"蹴鞠之戏"，此次观戏昭显世子随行，由盛京东门出。观戏后又在庄舍宴饮，回城。这两段记载虽然没有说明"蹴鞠之戏"的表演过程，却也透露给我们很多信息。与天命十年（1625）"玩赏踢球"相似，皇太极时期冰上"蹴鞠之戏"的举行时间是在正月过年期间。"蹴鞠之戏"不是普通的冰上活动，而是由满洲皇家举办的具有节日庆典性质的官方活动。

崇德元年（1636），皇太极为稳定政局，进攻明朝，首先发兵朝鲜，史称"丙子之役"。此后，朝鲜成为清朝的藩属国，朝鲜仁祖的长子及次子赴盛京做人质。所以朝鲜昭显世子和凤林大君是清朝与朝鲜外交的标志人物。"蹴鞠之戏"参加人员除满洲贵族之外，朝鲜世子和大君观礼"蹴鞠之戏"是一种高规格的外交礼遇。因此，崇德七年（1642）浑河冰面的"蹴鞠之戏"已经被赋予了明确的政治和外交意义。和天命十年（1625）"玩赏踢球"相互参照，崇德七年"蹴鞠之戏"参加人员除八旗子弟外，还应该有蒙古贵族和汉官。观戏之后，参加人员在庄舍开筵宴，庆祝活动圆满结束。从出城观戏至筵宴结束回城，大概是一整天的时间，这与天命十年"跑冰戏"的流程基本一致。不同的是天命十年在"跑冰戏"活动结束以后，直接在冰面上设筵宴。而崇德七年两次"蹴鞠之戏"后，都是在庄舍设酒食。筵宴之后，傍晚回城。崇德七年冰上"蹴鞠之戏"是对天命十年"跑冰戏"的继承和发展。遗憾的是，我们无法确知崇德七年"蹴鞠之戏"是否还有其他冰上项目，也不确知参加"蹴鞠之戏"比赛的包括哪些人，比赛规则如何，奖励是多少。根据天命十年冰上活动推测，崇德七年的冰上活动专门邀请朝鲜世子参加，所以无论是规模、完善程度，还是政治意义，都要更胜一筹。

康熙年间，康熙皇帝近臣高士奇在《金鳌退食笔记》中记录了西苑太液池上玩球的过程，这段记载距离天命十年"玩赏踢球"已过去几十年,反映了清初满洲入关后,皇家冰上"掷球之戏"的场景:"又于冰上作掷球之戏,每队数十人,各有统领,分伍而立,以皮作球,掷于空中,俟其将堕,群起而争之,以得者为胜。或此队之人将得,则彼队之人蹴之令远。喧笑驰逐,以便捷勇敢为能。本朝用以习武。所著之履,皆有铁齿,行冰上不滑也。"①这段记载将冰上玩球称作"掷球之戏"。"掷球"强调"掷"的动作,与踢球有一定区别。比赛分为两支队伍,每队有数十人。每队都有头领,所有人员按照队形站立。比赛时,将皮球抛向空中,等到皮球下落时,所有队员奋起争抢,得到球的一队获胜。在抢球过程中,为不让对方得球,本方队员可将快落地的皮球踢远,再重新争抢。这种比赛方式与现代橄榄球有诸多相似之处。参加"掷球之戏"的队员脚穿带铁齿的特制冰鞋,主要是为了冰上防滑。而在皇家禁苑开展"掷球之戏"是为了训练武事,也就是军事训练的需要。

清代康雍乾时期的文献《帝京岁时纪胜》记载:"金海冰上作蹙鞠之戏,每队数十人,各有统领,分位而立,以革为球,掷于空中,俟其将坠,群起而争之,以得者为胜。或此队之人将得,则彼队之人蹴之令远。欢腾驰逐,以便捷勇敢为能。将士用以习武。昔黄帝作蹙鞠之戏以练武,盖取遗意焉。"②这段记载与《金鳌退食笔记》十分相似,项目名称由"掷球之戏"变成了"蹙鞠之戏"。"蹙鞠"即"蹴鞠"。可见,对于冰上抢球活动,当时记录的项目名称也是不统一的。但此处关于用皮革制球,追溯"蹴鞠之戏"起源于黄帝的记录,丰富了《金鳌退食笔记》的记载。

我们再来关注清中期史料笔记《养吉斋丛录》中的记载。《养吉斋丛录》著者吴振棫,嘉庆年间进士,他在书中记载有关皇家禁苑之

---

① [清]高士奇:《金鳌退食笔记》卷上,商务印书馆,1936年,2页。
② [清]潘荣陛:《帝京岁时纪胜》(与《燕京岁时记》合本),北京古籍出版社,1981年,38页。

事就包括冰嬉盛典。"冰嬉之制,所以习武行赏,俗谓跑冰鞋。即《金鳌退食笔记》所载西苑冰上掷球之戏,而实不止掷球一事。"这句话清晰地说明康熙时期"掷球之戏"和"冰嬉"的关系。吴振棫认为冰嬉就是康熙时期的"掷球之戏"。而所谓"掷球之戏"又不仅仅是"掷球"一项,还包括其他项目。吴振棫是乾隆五十七年(1792)生人,嘉庆十九年(1814)进士,在朝为官多年,是嘉庆时期重要活动庆典的亲历者。吴振棫很可能亲历过嘉庆年间的冰嬉盛典,深知除抢球之外,冰嬉盛典至少还包括"抢等"和"转龙射球"两项。他将冰嬉与康熙朝"掷球之戏"相联系,还推测此时的冰上活动包含其他竞技项目。由康熙朝"掷球之戏"向前追溯,天命十年(1625)的跑冰戏同样包含多个项目。可以说,从努尔哈赤时期到乾嘉时期,冰嬉盛典的形成脉络逐渐清晰。

《养吉斋丛录》对抢球过程的描写比《金鳌退食笔记》更加详细:"继曰'抢球'。兵分左右队,左衣红,右即衣黄。既成列,御前侍卫以一皮球猛踢之至中队,众兵争抢,得球者复掷,则复抢焉。有此已得球,而彼复夺之者;或坠冰上,复跃起数丈,又遥接之。"[①] 抢球是冰嬉活动的第二项。八旗兵分左右两队,排成阵列。御前侍卫将皮球踢飞,两队开始争抢。抢到球的人再将球掷出去,两队继续争抢。一队得球,另一队可以继续抢夺。球如果落在冰面上弹起,也可以抢夺。都是冰上抢球项目,《金鳌退食笔记》记载只要是得到皮球的人,就获得胜利。与《金鳌退食笔记》的记载略有不同,《养吉斋丛录》记载得球之后,两队还可以继续争抢,并未分胜负。如此,怎样判断哪队获胜就是问题了。

最后看一下清代晚期文献对"蹴鞠之戏"的记载。缪润绂,出生在咸丰年间的盛京城,光绪年间进士。他的经典著作《沈阳百咏》用

---

① [清] 吴振棫:《养吉斋丛录》,中华书局,2005年,191—192页。

诗词的形式记录了沈阳的民俗风情，具有珍贵的史料价值。书中有诗："蹴鞠装成月样圆，青鞋忙煞舞风前。足飞手舞东风喜，赢得当场羡少年。"诗中作者按："土人好为蹴鞠之戏，率呼之曰踢形头。每岁正月间，三五成群，携带蹴鞠，择地面空阔处，团团列阵演施技，迎来送往，一气奔腾，色舞眉飞。遥遥望之，令人心羡少年而不能忘。"①这首诗为我们提供清末"踢形头"的重要信息。根据记载，在清末的盛京城流行"踢形头"的民间活动。这个时期，当地人认为"形头"就是"蹴鞠"，"踢形头"是当地人对"蹴鞠"一种比较流行的说法。所以，"踢形头"就是流行在满洲肇兴之地的踢球比赛。"踢形头"的时间在"每岁正月间"，也就是冬令时节，特别是过大年期间。这与冰嬉盛典的举行时间基本相同。参加"踢形头"的人们脚穿"青鞋"，也就是草鞋。草鞋是民间最常见的鞋子，虽然没有冰嬉盛典中带铁齿的鞋子防滑耐用，但更易得到，成本较低。因降低了"踢形头"的器材成本，才使这项运动更容易在民间普及。"踢形头"的人员一定要多，至少要三五成群，这样才能并列阵形，展开攻势。从列阵中还可以看出"踢形头"活动军事因素的影子。

综上，我们可以从文献中找到从天命十年（1625）到光绪年间冰上"蹴鞠之戏"的记载。各个时期对冰上蹴鞠的称呼不同，无论是"玩赏踢球""蹴鞠之戏""抢球""掷球之戏"，还是"踢形头"，其实都是同一个运动项目。除了《沈阳百咏》的记载之外，其余几次"蹴鞠之戏"均是皇家举行的庆典活动。在嘉庆年间，"掷球之戏"已经被认为是"冰嬉"的另一种说法。

冰嬉与冰上蹴鞠之间的渊源十分清晰。后金时期，"蹴鞠之戏"就是满洲先民重要的冬季冰上娱乐活动。除娱乐之外，"蹴鞠之戏"还承载着后金政权重要的庆典功能和政治功能。清军入关之后，冰上

---

① [清]缪润绂：《沈阳百咏》，清光绪四年刻本。

"蹴鞠之戏"作为满洲传统活动,承载了保留满洲原始风俗,勿忘祖业和训练武事的功能。到了清末,"蹴鞠之戏"由皇家传向民间,成为清末至民国百姓冬日消遣娱乐的重要活动。冰上"蹴鞠之戏"的发展过程就是冰嬉活动的发展历程。

第三节　乾隆十年冰嬉盛典的项目溯源

民国时期《满洲秘档》直接将天命十年（1625）的冰上活动统称为"跑冰戏"。这一定程度上说明努尔哈赤冰上活动与乾隆时期之后"冰嬉"庆典的渊源。与乾隆时期"冰嬉"庆典相比，清军入关前的"跑冰戏"显现出一定的原始性。通过清代史料笔记《养吉斋丛录》对"冰嬉"的记载以及乾隆时期《冰嬉图》传递的信息，我们大致还原乾隆时期"冰嬉盛典"的场景，借此勾连入关前冰上庆典和乾隆"冰嬉盛典"之间的关系。《养吉斋丛录》记载：

> 冰嬉之制，所以习武行赏，俗谓跑冰鞋。即《金鳌退食笔记》所载西苑冰上掷球之戏，而实不止掷球一事。岁十二月，西苑三海层冰坚冱，于是择令辰，圣驾御冰床临观焉。或五龙亭，或阐福寺，或瀛台等处，无定地。冰鞋以一铁直条嵌鞋底中，作势一奔，迅如飞羽。始曰"抢等"。去上御之冰床二三里外，

树大纛，众兵成列。驾既御冰床，鸣一炮，树纛处亦鸣一炮应之。谨案：宣宗御制《观冰嬉应制》诗云"爆竹如雷殷，池冰若砥平"。又云"坚冰太液镜中边，翠辇行时竹爆宣"。盖所鸣为竹爆也。于是众兵驰而至。御前侍卫立冰上，抢等者驰近御座，则牵而止之。分头等、二等，赏各有差。继曰"抢球"。兵分左右队，左衣红，右即衣黄。既成列，御前侍卫以一皮球猛踢之至中队，众兵争抢，得球者复掷，则复抢焉。有此已得球，而彼复夺之者；或陷冰上，复跃起数丈，又遥接之。又继以"转龙射球"。走队时，按八旗之色，以一人执小旗前导，二人执弓矢随于后，凡执旗者一二百人，执弓矢者倍之，盘旋曲折行冰上。远望之，蜿蜒如龙。将近御座处，设旌门，上悬一球，曰天球，下置一球，曰地球。转龙之队疾趋至，一射天球，一射地球。谨案：宣宗御制《观冰嬉应制》诗云"彩球连命中，羽镝叠相鸣"。又云"鸟翔旗色初分队，鱼贯髇声每应弦"。盖所射髇箭也。中者赏。复折而出，由原路盘曲而归其队。其最后执旗者一幼童，若以为龙尾也。旧制，八旗兵皆演冰鞋，分日阅看，按等行赏。道光初，惟命内务府三旗预备，后则三旗亦停止，仅给半赏之半而已。乾隆间，岁奉皇太后观冰嬉。道光间，以尝奉太后观冰嬉。按：丧时阅冰嬉，若尚在国恤期内，则走队时撤去各色旗，惟用弓矢。又按《冰床联句》诗云"高注旗森攒豹尾，夹趋柄蜿刻龙头"。又"檀楣簇箙匡既好，柘檐缬翠盖斯觥。方裀茸燠敷貂座，圆极虚明屏鷮帱"。此言御用冰床之制也。又御前蒙古王等，凡至西苑，亦赐坐冰床随行。①

清军入主中原以后，在乾隆十年（1745）形成了"冰嬉盛典"制

---

① ［清］吴振棫：《养吉斋丛录》，中华书局，2005年，191—192页。

度，并确定冰嬉为大清"国俗"。此后，乾隆、嘉庆、道光三朝都不定期举行"冰嬉盛典"。乾隆皇帝确定冰嬉盛典的规制，在嘉庆、道光时期延续下来。三朝所表演的"冰嬉"一脉相承。《养吉斋丛录》记录的就是乾、嘉、道三朝冰嬉盛典的场景。冰嬉盛典在每年腊月冰层冻实之后择日进行，冰嬉的地点一般在西苑三海。冰嬉项目分为抢等、抢球和转龙射球3项。康熙时期记载的"掷球之戏"，不仅仅只有"掷球"一项，推测还包括其他冰上项目。

抢等，就是冰上速滑项目。参加抢等的健儿，脚穿冰鞋，在距离皇帝御座冰床一公里多之外，竖立大旗，作为起点。皇帝御座作为终点。在起点处，众健儿列队站好。在起点和终点处同时鸣爆竹发令，健儿飞驰，滑向御座。皇帝御座前，御前侍卫站在终点处。等到健儿接近皇帝御座时，御前侍卫将其拉住，并判定先后。根据到达终点的顺序，将参赛健儿分为一、二两等。不同等级，赏赐不同。乾嘉道时期"抢等"和天命十年（1625）太子河上"跑冰戏"既有区别又有联系。二者相同之处在于都是冰上竞速项目，以速度快先到者为胜。其次，二者都是皇家举办的冰上活动的比赛项目，奖励都分为两等。二者的区别在于：第一，参加人员不同。参加跑冰戏的是八旗、蒙古、汉官家族的女眷，而参加抢等的是八旗健儿。同样是冰上竞速，天命十年是女子专属的竞技项目，参赛人员的身份是后金统治集团中的女性贵族。而抢等仅限男子参加，参赛人员的身份是驻京八旗中的士兵。第二，参赛人员所使用的器械不同。因为器械不同，所以推测比赛的距离也有一定差别。跑冰戏应该不穿冰鞋，而穿木底鞋或靴子。抢等明确记载脚穿冰鞋。冰鞋是将一根铁直条嵌在鞋底的专用滑冰器材。第三，起点和终点不同。天命十年（1625）女子跑冰戏是以君主所在位置为起点，金银摆放的冰面为终点。而抢等是以竖大旗处为起点，君主所在的冰床为终点。抢等的路线与天命时期跑冰的方向相反。

抢球，就是冰上玩球的项目，推测与天命十年"玩赏踢球"类似。

通过乾隆时期《冰嬉图》可以发现参加抢球的健儿穿的不是带冰刀的冰鞋，而是特制防滑冰鞋。这与《金鳌退食笔记》记载"所著之履，皆有铁齿，行冰上不滑也"的描述相吻合。抢球分为红黄两队，每队两组。每组健儿又分为主力和替补两部分。每组主力10人，身穿红色或黄色马褂。主力站在队伍的最前面一列，等待比赛开始。现在我们无法了解天命十年（1625）"玩赏踢球"和崇德七年（1642）"蹴鞠之戏"的细节，却可以通过乾隆冰嬉盛典中的"抢球"一项去推测。"抢球"项目由满洲传统体育活动"踢形头"演变而来，也是满洲冰上运动中记载最早、历史最悠久的一项。"抢球"从努尔哈赤、皇太极时期，到康熙、乾隆时期，乃至嘉庆朝之后都有记载，伴随满洲民族的逐渐壮大，"抢球"的发展脉络也逐渐清晰。"抢等"和"抢球"是后金时期冰上活动传承至乾隆时期冰嬉盛典的比赛项目。由此可见天命十年冰上活动与冰嬉盛典的渊源。

满洲在入主中原之前的"跑冰戏"包括跑冰和抢球两项。乾隆时期冰嬉盛典中"转龙射球"一项，却是在满洲早期历史所未曾见过的项目。推测"转龙射球"是乾隆时期，结合骑射和滑冰两项满洲旧俗而发明创造的，是属于大清盛世特有的冰嬉项目。"转龙射球"最主要的灵感来源于满洲重视骑射的旧俗，在保持满洲民族独特性方面具有积极作用。从这个角度来说，乾隆时期

《冰嬉图》①细部"抢等"

形成定制的"冰嬉盛典"是专属清朝皇家的冰上活动，因包含满洲特有风俗，所以被确定为"国俗"。乾隆时期绘制的两幅《冰嬉图》，为我们寻找"转龙射球"的来源提供了有效参考。金昆、程志道、福隆安等绘制的《冰嬉图》上，首先画好既定的龙纹滑道。八旗按照镶黄、正黄、正白、正红、镶白、镶红、正蓝、镶蓝的顺序依次排好，每旗由旗手为先导，射箭手紧随其后。在接近皇帝冰床处，设旌门。旌门上挂天球，弓箭手在滑过旌门的瞬间，开弓射箭。这幅图绘制"转龙射球"的场景与《养吉斋丛录》记载基本一致。而另一幅由张为邦、姚文瀚绘制的《冰嬉图》，"转龙射球"场景，八旗除旗手和弓箭手之外，另有两名表演人员。这些表演者融合了耍中幡、演奏乐器、杂耍兵器、双人或多人花样滑等技巧项目。同样是"转龙射球"，内容

---

① [清]金昆、程志道、福隆安等绘：《冰嬉图》，绢本，设色，纵35厘米，横578.8厘米，故宫博物院藏。

《冰嬉图》①细部"抢球"

增加很多，而增加的这些项目类似古代宫廷百戏。百戏也许是"转龙射球"形成的另一个源头。百戏起源于秦汉时期，宋代之后多指杂技和竞技表演。一幅东汉时期的壁画为我们描绘了那个时代百戏的场景。南宋城市风貌的笔记《武林旧事》曾有"又至射厅，看百戏，依例宣赐"②的记载。可见在南宋时期，在宫廷练习射弓的场所就有表演百戏的传统。元代以后，"百戏"一词很少使用，百戏的内容也在不断变化，但百戏中的杂耍技巧一直在宫廷和民间两个体系中流传。乾隆时期，皇家把百戏的技巧与滑冰结合，形成"转龙射球"花样层出的

---

① [清] 金昆、程志道、福隆安等绘：《冰嬉图》，绢本，设色，纵35厘米，横578.8厘米，故宫博物院藏。

② [宋] 周密：《武林旧事》卷七，中华书局，2007年，196页。

表演方式。从两幅《冰嬉图》的差异来看,乾隆时期发明的"转龙射球",至少有两种不同的表演形式。以"射球"为主的项目更像是八旗竞技比赛,而以"百戏"为主的项目更像是冰上表演赛。杂耍技巧在冰面上呈现,是满族"善冰雪"传统与汉人宫廷"百戏"传统的完美融合。《清代北京竹枝词(十三种)》一书,收录了《百戏竹枝词》。根据书中观点,《百戏竹枝词》是乾隆年间由文人李声振所作,内容大都是描写北京百戏情况。在《百戏竹枝词》中,有《走冰鞋》一首,可以说明滑冰与百戏之间的渊源。康熙年间,民间将滑冰称为"走冰鞋"。《走冰鞋》一诗在《百戏竹枝词》中,说明当时民间认为滑冰是百戏的组成部分。"捷足行看健步纷,寒流趁冻雪花春。铁鞋踏破奔驰甚,

《冰嬉图》① 局部 "转龙射球"

《冰嬉图》② 局部 "转龙射球"

① [清] 金昆、程志道、福隆安等绘：《冰嬉图》，绢本，设色，纵 35 厘米，横 578.8 厘米，故宫博物院藏。

② [清] 张为邦、姚文瀚绘：《冰嬉图》，绢本，设色，纵 36.5 厘米，横 563 厘米，故宫博物院藏。

第五章 / 冰嬉起源的项目基础

悔作银河冰上人"[1]的诗句，为我们提供康熙时期冰鞋形制的线索。《走冰鞋》的说明文字记载当时京城滑冰的场景："足着铁底鞋，一步恒数丈，行冰上，兼有能格斗舞跳者，都门入冬，城河最多。"[2]显然诗中的冰鞋就是铁底鞋，推测是在靴子下固定铁条的样式。滑冰者脚穿冰鞋，在冰面上滑行，并做出各种格斗舞蹈动作。当时的北京城，在护城河中滑冰的人最多。如果《百戏竹枝词》的写作年代无误，那么《走冰鞋》一诗记载的冰鞋，在乾隆时期已经非常流行了。而且花样滑冰的技巧作为百戏的组成部分，有着广泛的民间基础。这很可能成为乾隆时期冰嬉盛典中"转龙射球"项目的直接来源。

荷兰学者伊维德（Wilt Idema）在研究《崇庆皇太后万寿庆典图》的时候，关注到乾隆时期宫廷戏剧的发展历史。他在文章中写道："中国外交有个悠久传统，即向外国使节展现戏剧盛典，使之震撼于中国文化之卓越和中华皇帝之德行。有些外国来访者留下了所见所闻。不巧的是，清代访华时间受限，他们多只可以感受到除夕夜的盛况，而在那个季节，为其挑选的玩乐项目往往是冰嬉。只有夏天来访，才有机会获邀观赏三层戏台上的演出。"从这段文字可以看出，在乾隆时期外国使节的眼中，冬季冰嬉盛典和夏季戏剧盛典相对应，二者是不同季节展现给各国使节，宣扬国威的外交手段。因此，在冬季怎样更多地展现清朝固有的技艺，就有了重要的政治功能。百戏在宫廷中流行了上千年，在冰嬉盛典中融入百戏的元素，既代表宫廷文化，又代表满洲旧俗。可以说是冬季展现清朝国家形象最好的宣传项目了。

清军入关前，"跑冰戏"和"蹴鞠之戏"在后金宫廷流行，奠定了清朝宫廷冰嬉的基础。而入主中原之后的满洲统治者，将流传上千

---

[1]［清］杨米人等著，路工编选：《清代北京竹枝词（十三种）》，北京古籍出版社，1982年，166页。

[2]［清］杨米人等著，路工编选：《清代北京竹枝词（十三种）》，北京古籍出版社，1982年，166页。

《和林格尔汉墓壁画·百戏图》[1]

年的宫廷百戏传统引入冰嬉，使冰嬉成为清宫重要的礼仪盛典。从最初的传统冰上竞技体育项目转变为超越民族、超越地域、超越时空的宫廷盛典。从这个角度来说，入关前的满洲先民的冰上项目是乾隆时期冰嬉盛典的直接源头。宫廷百戏和传统戏剧是冰嬉盛典最终形成的重要因素。

---

[1] 内蒙古文物考古研究所：《和林格尔汉墓壁画》，文物出版社，2007 年。

第六章

冰嬉起源的制度基础

天命十年（1625）努尔哈赤在东京辽阳城外太子河上举行的跑冰戏，是目前所见历史文献中，关于宫廷冰嬉最早也最可靠的记载。从冰嬉盛典制度向前追溯，笔者认为冰嬉盛典的起源应该早于辽阳城的跑冰戏活动。作为大清第一都的赫图阿拉城很可能是冰嬉盛典的起源地。

第一节 后金时期都城迁徙与冰嬉制度的雏形

建州女真首领努尔哈赤出生在费阿拉（一说赫图阿拉），明万历十一年（1583）起兵抗明，天命十年（1625）三月迁都沈阳。从起兵到迁都沈阳的40多年里，努尔哈赤主要驻地共迁徙5次，建立6座城。这6座城依时间顺序是费阿拉、赫图阿拉、界凡、萨尔浒、辽阳、沈阳。万历十五年（1587），在呼兰哈达（烟筒山）下"筑城三层，启建楼台"，即费阿拉城。费阿拉作为建州女真的主城16年。在费阿拉，努尔哈赤统一了建州女真五部和长白山三部。万历三十一年（1603），迁都赫图阿拉，在苏子河和加哈河之间筑城。赫图阿拉作为都城17年。在赫图阿拉，努尔哈赤基本完成对海西女真的统一，并对女真内部进行整合，建立兵民合一的八旗制度。女真内部整合之后，努尔哈赤称汗登基，建立后金政权，正式与明朝分庭抗礼。天命四年（1619）六月，建界凡城，东距赫图阿拉120里，努尔哈赤驻跸于此。天命五年（1620）九月，自界凡迁驻萨尔浒。努尔哈赤在界凡城和萨尔浒各驻跸一年，这两座城实际上是后金与明军战争过程中的行都，移驻于此的目的是为了在战争中取得更有利的地理位置。这两年，努尔哈赤完成对女真人的全部统一，改变了后金与明朝的战局形势。天命六年（1621）四月，迁都辽阳。辽阳作为都城4年。在辽阳，努尔哈赤完成对辽东的控制，明军颓势已不可避免。天命十年（1625）三月，迁都沈阳。沈阳作为都城19年，在这里，皇太极称帝，改国号大清，建立与汉地相似的官僚体制。后东征朝鲜，西联合蒙古，击溃明军，入主中原。

努尔哈赤统治时期，随着战事的不断推进，其主要驻跸之所迁徙频繁。除辽阳和沈阳外，其余4座城均属于现在抚顺市的管辖范围，也就是苏子河畔。足见后金政权对建州女真肇兴之地的依赖程度。从入关前努尔哈赤主要驻跸之所的迁徙轨迹可以看出，费阿拉城时期的建州女真处在内部整合阶段，建州女真虽然逐渐壮大，但并未进行政权建设和制度建设。在这一时期，女真的政权尚未建立，所以由国家政权举行的盛典活动几乎不可能实现。界凡城和萨尔浒作为战争中的行都，因驻跸时间短，战局处在关键时期，也不太可能举行宫廷盛典活动。

赫图阿拉城和沈阳城作为都城的时期，是清军入关前，政治体制建设最重要的两个时期。天命元年（1616），努尔哈赤在赫图阿拉城称汗，定国号大金。在后金政权建立的前一年，努尔哈赤已先确立兵民合一的八旗制度。称汗后，后金的政治权力集中在王公贵族中间，军国大事由诸贝勒共同裁决。崇德元年（1636），皇太极在盛京称帝，改国号大清，改族名满洲。其实从皇太极继承后金汗位开始，就已经进行新的政治制度建设。清承明制，到崇德年间，大清立国的政治制度基本完成。后金政治制度在赫图阿拉城确立，大清政治制度在盛京城确立。此后，与政治制度相适应的盛典活动就有了开展的政治基础。

赫图阿拉和沈阳城还是清军入关前作为都城时间最长的两座城。辽阳城作为后金政权全面占领辽东时期的都城，上承后金初创满蒙结合的政治体制，下启清朝满汉统一的政治格局。在制度方面，辽阳城作为都城时期的后金政权，与赫图阿拉城时期的政治制度高度相似。

如此，我们再来回顾天命十年（1625）辽阳城外太子河跑冰戏。这次跑冰戏是乾隆时期冰嬉盛典活动的直接源头。虽然与乾隆时期冰嬉盛典相比，天命十年的跑冰戏显现一定的原始性，但我们不得不承认这次跑冰戏是一次级别高、规模大、规则流程十分成熟的皇家节庆盛典。这种规模的冰上盛典一定不是最原始的状态。也就是说冰嬉盛典应该有比太子河跑冰戏更早的源头。那么，天命十年跑冰戏的源头又在哪里呢？从政治制度形成来看，赫图阿拉城最有可能是冰嬉盛典的起源地。赫图阿拉城是后金（清）国家政治制度的诞生地。在满洲共同体形成的过程中，赫图阿拉城也是一个重要地点。在这里，一系列与王朝政治制度、社会组织、固有风俗相关的制度得以确立。这些制度的确立与冰嬉盛典的形成密切相关。

第二节　乾隆时期冰嬉制度的
　　　　　记载与制度溯源

我们从乾隆时期已经形成的冰嬉制度上溯，追溯冰嬉制度的源头。乾隆时期有关冰嬉制度的记载见于《清朝通典》和《清朝文献通考》。这两部文献是记述清朝典章制度的官方史籍，所涉内容起于清初，止于乾隆朝。其中对冰嬉的记载，代表乾隆时期确立的冰嬉制度。

臣等谨按，国朝定例，每岁冬令太液冰坚，令八旗与内府三旗简习冰嬉之技。分棚掷彩球互程趫捷，并设旌门悬的演射校阅行赏。《御制冰嬉赋》以示旌勇，均赐而归。本于观德之义，今恭载于大阅篇后，以昭典制。①

---

① [清]清高宗敕纂：《清朝通典》卷五十八《礼·军一》，万有文库本，商务印书馆，1935年，2425页。

冰戏，每岁十月咨取八旗及前锋统领、护军统领等处照定数挑选善走冰者二百名，内务府预备冰鞋、行头、弓箭、球架等。冬至后，驾幸瀛台等处，陈设冰戏及较射天球等伎。分兵丁为二翼，每翼头目十二名，射球兵丁一百六十名，幼童四十名，以次走冰、较射、陈伎。①

　　冰戏每岁十月咨取八旗及前锋统领、护军统领等处，每旗定数各挑选善走冰者二百名。内务府预备冰鞋、行头、弓箭、球架等项。至冬至后，驾幸瀛台等处陈设冰嬉及较射天球等伎，分兵丁为二翼，每翼头目十二名，服红黄马褂，余俱服红黄齐肩褂。射球兵丁一百六十名，幼童四十名，俱服马褂背小旗。按八旗各色以次走冰、较射。陈伎毕，恩赏银两头等三名，各赏银十两。二等三名，各赏银八两。三等三名，各赏银六两。其余兵丁各赏银四两。俱由内府广储司支给。②

　　从上述文献中可以看出，乾隆时期的冰嬉盛典是"国朝定例"，也就是在清朝制度上例行规定的活动。既然是定例，冰嬉就具有严格的、制度化的规则。冰嬉制度从冰嬉规制、表演时间、地点、人员选拔、器材准备、规定项目、衣着装备、恩赏等方面规定了冰嬉盛典的全部流程。《清朝通典》确定了冰嬉盛典作为国家重要典礼的组成部分，将冰嬉记载放在军礼大阅篇之后。这说明冰嬉属于五礼中的军礼大阅之礼。足见乾隆时期冰嬉盛典在制度上的定位等级和重视程度。而对冰嬉盛典细节的记述，《清朝文献通考》要比《清朝通典》更为

---

　　① ［清］清高宗敕纂：《清朝通典》卷六十四《乐二》，万有文库本，商务印书馆，1935年，2496页。
　　② ［清］清高宗敕纂：《清朝文献通考》卷一百七十五《乐二十一》，万有文库本，商务印书馆，1936年，6377—6378页。

详细。每年冬天等到太液池冰冻结实之后，在瀛台、北海等处表演冰嬉。表演冰嬉的地点选择很可能根据冰面情况和皇帝个人喜好来确定。冰嬉的表演人员是八旗与内府三旗。每年十月由八旗及前锋统领、护军统领等处挑选。清朝驻守京城的军队包括骁骑营、步军营、前锋营、护军营、侍卫亲军、内府三旗、火器营、健锐营、虎枪营。其中，前锋营、护军营和内府三旗是冰嬉表演人员选拔的主要来源。前锋营和护军营都是八旗禁旅的重要组成，平时警卫宫禁，以保卫皇帝为主要职责。前锋营和护军营的人员构成是八旗满洲和八旗蒙古的精锐者。内府三旗是由内务府管理的包衣，是皇家私属部队，与皇帝关系密切。内府三旗由满、蒙古、汉等民族构成，但都隶属满洲八旗。参加冰嬉的表演人员都是与皇家关系最密切的奴仆和禁卫军，这足以彰显冰嬉盛典的宫廷庆典地位。这些表演人员虽然在乾隆时期都属于满洲的范畴，但是他们是清军入关之前，由后金（清）政权中女真（满）、蒙古、汉等多民族的人员构成。按照《清朝文献通考》的记载，八旗之中每旗挑选善走冰者 200 名。计算一下，参加冰嬉盛典的表演人员可达 1600 人。冰嬉盛典的器材有冰鞋、行头、弓箭、球架等，由内务府统一准备。表演项目包括分棚掷彩球、走冰、校射、陈伎，也就是抢球、抢等、转龙射球和花样滑冰 4 个项目。4 个项目中，抢球、抢等和转龙射球都属于竞技类，可以分出胜负。而花样滑冰表演各种高难度动作，属于观赏娱乐类。每个项目参加人员的数量和服饰都有严格规定。冰嬉盛典各个项目结束之后，皇帝赐恩赏银。依照竞技类项目的名次给予不同奖励。其他没有取得名次的人员给予恩赏银。所有表演者的恩赏银由内务府广储司支出。

从乾隆时期冰嬉盛典的制度向前追溯，可以看出如下几点：

第一，冰嬉盛典是清代皇家宫廷盛典的重要组成部分。观赏冰嬉的人员是以皇帝为中心的王公大臣、朝觐使臣等。冰嬉盛典在冬令时节选取特殊的日子举行。这个日子一般与重要政治活动、特殊节日时令有关。上溯到天命、崇德年间，冰嬉盛典的雏形——跑冰戏和蹴鞠之戏都是皇家宫廷庆典的一部分。表演日期是正月过大年期间，观看人员中除王公大臣外，同样包括藩属国王子使臣等。后金（清）皇家庆典始于努尔哈赤建立的后金政权。只有政权建立，相应的宫廷庆典才有可能开展。以赫图阿拉城为都城的后金政权，是后来清朝政治体制初创之地。一系列皇家政治活动和庆典在这个时期开始形成。冰嬉盛典从属于皇家宫廷的性质，决定了它的源头与后金立国的都城——赫图阿拉城联系在一起。

第二，冰嬉的表演地点是在皇家禁苑——西苑太液池。这个地点强调的是冰嬉盛典的皇家属性。而天命、崇德年间的冰上活动选址位置均在城外就近河流，这与皇家禁苑的冰面有很大区别。但考虑到入关之前的都城选址基本以地理位置和军事功能为首选，没有建立相应的皇家禁苑，因此城外天然河道作为冰上活动的地点就是最合理的选择了。再看赫图阿拉城的地理位置。赫图阿拉城属于明代建州卫。这座都城建在苏子河与二道河合流处东侧山岗之上，三面环水，利于军事防御。邻近苏子河畔的浅山地貌，是冰嬉盛典起源的自然环境基础。

第三，参加冰嬉盛典的表演人员属于八旗中的佼佼者。这些表演者分属清军入关前，政权中满、蒙古、汉等多个民族。上溯至努尔哈赤时期，太子河畔跑冰戏的参加人员是后金政权中的八旗贵族、蒙古贵族和汉人官员。八旗是参加冰嬉表演人员的组织基础。所以追溯八旗制度的起源，对研究冰嬉起源具有至关重要的作用。万历二十九年（1601）努尔哈赤在费阿拉城整合已经统一的建州女真内部，初置黄、白、红、蓝四旗。万历四十三年（1615），随着努尔哈赤逐步完成对海西诸部的统一，原有的社会组织已无法容纳新扩充的人员。于是在赫图阿拉城，努尔哈赤扩充原有的社会组织形式，增设镶黄、镶白、镶红、镶蓝四旗。八旗制度作为满洲形成过程中最重要的社会组织最终确立。八旗制度在赫图阿拉城确立，后金政权具有稳固的基层组织基础。同时八旗制度也奠定了冰嬉起源的组织基础。

此外，八旗制度从创立之始，就确立了平时为民、战时为兵的组织原则。这一原则是冰嬉盛典包含军事因素的重要原因。出则为兵，八旗将士骁勇善战。入则为民，利用农闲时节进行军事训练。乾隆时期冰嬉中检阅旌勇和项目设置都能看到八旗初创时的影子。战时为兵，确立了冰嬉中"阅武事"的传统。重视冰雪环境中的军事训练和骑射演武，源自满洲（女真）在白山黑水的环境中军事战争的长期经验，也与努尔哈赤时期创建八旗制度有关。满洲全民皆兵，八旗贵族或者优秀者担任冰上活动的竞技者，有选贵而为、择优而用的意味。所以，乾隆朝宫廷冰嬉浓重的军事特征，最早可以追溯到八旗制度的原则之中。同时，八旗的组织原则还客观上促成了冰嬉在清朝后期的分流。清朝中后期乃至民国时期，冰嬉成为百姓冬季生活的重要元素，得益于八旗组织平时为民的原则。平时为民，使原本属于宫廷活动的冰嬉成为平时百姓娱乐的项目。这是民间冰嬉的源头。冰嬉来源于人们的生产生活，在生活中积累丰富的经验，逐渐演变为各种项目。这些项目在附上政治、军事功能之后，就形成了宫廷冰嬉。清朝中后期，八旗生计问题日益突出。清政府已不足以支撑八旗兵的日常生活。政府的力量削弱，造成冰嬉政治和军事功能的消退，娱乐功能凸显。出旗为民的八旗汉军和流落到民间的八旗满洲和八旗蒙古，将宫廷冰嬉带到民间。冰嬉在清朝后期形成宫廷冰嬉和民间冰嬉的分流，与八旗制度的创立、发展和衰落密切相关。

第四，器材准备和恩赏奖励均由内务府承担。器材准备推测由内务府主管护军训练的都虞司负责置办。内务府广储司下银库是冰嬉恩赏银的出纳机构。冰嬉盛典后，给参加者颁发恩赏银是非常重要的环节。人人行赏，说明奖励机制不仅仅关注竞赛中的获胜者，而且还惠及所有参加者。乾隆时期冰嬉盛典的行赏制度同样可以向更早追溯。天命十年（1625）跑冰戏同样给予所有参赛者奖励。但乾隆时期每人得到的赏银数量远低于努尔哈赤时期。这与参加冰嬉活动人员的地位身份有关，也与冰嬉的活动规模有关。乾隆时期，内务府广储司负责节日庆典的宫廷开销。按照八旗每旗选取 200 人，每人得最低赏银 4 两，冰嬉单赏银一项花费 6400 两。这其中还不包括取得名次的额外奖励。努尔哈赤跑冰戏的赏赐男女都有，奖励含金银。在努尔哈赤时期惠及贵族阶层的赏银，在乾隆时期已经惠及八旗。清军入关以后，八旗子弟主要以拨款的方式维持生计。随着八旗人口的增长，八旗兵丁所得钱粮已不足以支撑全家生计。参加冰嬉的八旗兵获得的恩赏银，是维持生计的有效补充。从这个角度来说，冰嬉盛典的恩赏银超越了竞技体育的奖励范畴，成为缓解八旗生计问题的有效手段。努尔哈赤时期，跑冰戏赏赐目的更加单纯，是节日期间以冰上活动的形式，给予贵族家庭的赏赐，类似现在的年终奖发放。赏赐银的传统从努尔哈赤时期一直延续至乾隆年间，乃至嘉、道年间。遗憾的是，冰上活动的赏银制度并未找到早于天命十年（1625）的记录。八旗制度建立初期，努尔哈赤对后金政权的贵族实行"论功行赏"的奖励制度。跑冰戏根据名次给予赏赐与"论功行赏"有诸多相似之处，推测这种奖励制度是跑冰戏奖励制度的主要来源。从这个角度来说，赫图阿拉城是后金政权行赏制度创立之地，也是冰嬉奖励制度的发端之地。

第三节　冰嬉盛典礼乐、庆典和外交制度溯源

在追溯冰嬉制度源头的同时，记载乾隆时期冰嬉制度的两部文献本身也非常重要。有关冰嬉制度记载在《清朝通典》的"礼典"和"乐典"，以及《清文献通考》的"乐考"中。"礼"和"乐"从西周开始，奠定中国几千年的制度体系。《礼记·乐记》："乐也者，情之不可变者也；礼也者，理之不可易者也。乐统同，礼辨异。礼乐之说，管乎人情矣。"① 孔颖达疏："乐主和同，则远近皆合；礼主恭敬，则贵贱有序。"② 礼代表差别和秩序，乐代表秩序下的和谐。礼乐制度流传至清朝，冰嬉在"礼典"和"乐典"中同时出现，说明冰嬉在制度上既是秩序又是和谐。礼分五礼，吉、凶、宾、军、嘉。冰嬉属于

---

① [汉]郑玄注，[唐]孔颖达疏：《礼记正义》卷三十八《乐记》，北京大学出版社，2000年，1300—1301页。

② [汉]郑玄注，[唐]孔颖达疏：《礼记正义》卷三十八《乐记》，北京大学出版社，2000年，1301页。

五礼中"军礼"部分。根据《清朝通典》的记录，军礼包括大阅、大狩、亲征之礼等。冰嬉列于大阅之礼之后，从类别上看，属于大阅之礼。因此，冰嬉是皇帝阅兵典礼的组成部分，与南苑阅兵规制相似。冰嬉在"礼典"中记载，说明冰嬉在礼乐制度上的重要地位，同时说明了冰嬉在清代"军礼"中的重要位置。"乐典"中，冰嬉属于"散乐"部分，与火嬉、走马伎、高丽国乐伎、回部乐伎并列。同样，《清朝文献通考》中，冰嬉属于"乐考"的"散乐百戏"。散乐百戏包括火嬉、冰嬉、走马伎、回部乐伎等。散乐百戏的功能是"国家筵宴之候亦有散乐百戏"[①]，说明这些活动是为了国家筵宴而准备的。国家筵宴期间的表演项目，首先是为了活跃筵宴现场的气氛，供参加筵宴的皇帝、皇亲贵胄、王公大臣、少数民族首领、外藩使节等人观赏娱乐。这些项目更重要的功能是代表国家形象，向外界传达既定的政治、外交含义。重武事、扬国威的传统与歌颂歌舞升平的太平盛世的理念贯穿其中。冰嬉盛典是清代礼乐制度中，既讲秩序又促和谐的代表性国家典礼。

乾隆时期冰嬉盛典还有重要的庆典功能和外交功能。一幅乾隆时期的《紫光阁赐宴图》为我们揭示了冰嬉盛典除礼乐制度之外的政治功能。《紫光阁赐宴图》由宫廷画师姚文瀚画。图画绘制的内容是乾隆二十六年（1761）正月初二日，清军平定西域后，在紫光阁前举行的宫廷筵宴。在庆功筵宴过程中，冰嬉表演在太液池的冰面上展开。图中可以看到皇帝的冰床、等待抢等的八旗兵和正在进行转龙射球的表演场景。赐宴人员在紫光阁外空地上依次就座，随时可以欣赏冰嬉表演。根据《清实录》记载参加此次筵宴的人员包括傅恒以下诸位功臣，在朝满汉文武大臣、蒙古王公贵族、回部郡王霍集斯、叶尔羌诸

---

① [清]清高宗敕纂：《清朝文献通考》卷一百七十五《乐二十一》，万有文库本，商务印书馆，1936年，6377—6378页。

回城伯克萨里、哈萨克汗阿布赉、来使苏勒统卓勒巴喇斯等人。① 冰嬉为节日庆典和庆功宴增添欢乐气氛。

西苑紫光阁，从明代开始就有阅射演武的功能。紫光阁的前身是明朝正德年间建立的阅武平台。这里是明朝宫廷跑马射柳的活动地点。万历年间，平台改建紫光阁，皇帝在此召见阁臣。清代承袭之前紫光阁的用途。顺治二年（1645）开始，紫光阁成为武举殿试的考试地点。② 皇帝在此检阅骑射、技勇、策文。乾隆时期，随着八旗骑射的传统逐步削弱，乾隆皇帝在紫光阁立《训守冠服骑射碑》，告诫八旗勿忘国语骑射是国之根本。除阅武骑射之外，西苑又是清代新正宴和凯旋宴的备选地。瀛台、紫光阁都是赐宴的场所。西苑作为国宴地点，与西苑宣教骑射、弘扬武功的功能密切相关。大战胜利后的凯旋宴，又强化了西苑铭记武功的军事和政治功能。西苑长期积淀下来的宣扬武功和庆功筵宴的传统，成为展示大清形象、树立国威的标志。因此，新年元旦至正月十五日期间，皇帝在西苑宴请前来朝觐的外藩王公、藩属国使臣及外国贵宾等，是宣扬国威、巩固政权稳定的重要政治活动。

在这样的背景之下，参加朝觐年班的外藩王公使臣等人，在出西华门入西苑的路上，就可以看到太液池上表演的冰嬉。在如此之高规格的新年筵宴中安排冰嬉表演，冰嬉被赋予了高于一般表演项目的象征意义。冰嬉不是普通的杂耍表演项目，而是象征着满洲民族尚武事、勿忘本的传统。乾隆皇帝非常看重冰嬉"虽戏意诘武"的价值。观看冰嬉成为皇帝奖励给特定人群的格外恩赐，既是展示武力、震慑外藩的手段，同时也是政治和外交上笼络人心的方法。由此看来，冰嬉盛

---

① 《清实录·高宗实录》卷六二八，乾隆二十六年正月壬寅条，《清实录》第17册，中华书局，1986年，1—2页。

② ［清］昆冈等：《大清会典事例》卷七一九《武科四·武殿试》，顺治二年，上海商务书馆，1909年，926页。

典除了与南苑阅兵、木兰秋狝相似的阅武功能之外,还增加了节令庆典、恩赏和外交的功能。清代的外藩体制对不同地区政策有别,无论是参加朝觐年班的内属外藩,如蒙古、西藏、回部等,还是有朝贡制度的外藩属国,如朝鲜、琉球等,乃至与清朝有贸易往来的外国,如英国、荷兰等,都有受邀观看冰嬉盛典的记载。乾隆皇帝在《嘉平廿一日于西苑觐年班各部并台湾生番示以冰嬉即事得句》一诗中说明与皇帝共赏冰嬉的朝觐年班各部包括所有年班藩部、暹罗贡使、台湾生番头目、蒙古、回部、西北新番等。并说明冰嬉的目的是"冰嬉仍寓诘戎训,苑觐都怀奉朔衷"。①

多仁班智达,乾隆年间七世达赖委托管理西藏地方政务的重要人物。《多仁班智达传》中记载了一段多仁班智达进京朝觐年班时观看冰嬉的场景:"白伞盖庙北面的大湖已经结冰,像手掌一样平坦,表面如同水晶石一样雪白。奉天承运大皇帝坐在一辆轿子外形的黄色辇舆里,下面有轮子,不是马骡拉,而是用人拖。我和玉陀俩各被两位钦差拉着左右手带到附近。皇上前后左右大小官员随从都徒步跟到冰湖中央。这时,四面八方像惊雷一般响起八声鞭炮。接着,头戴漂亮顶子和花翎的一百来人的队伍滑到皇帝跟前叩头,排好队伍。在前面看得到的地方摆着一座花绫缠绕的桥形大架,犹似门楼,中央悬着一串人头大小的彩绫花朵。队伍的人都穿着鞋底像安上火镰铁齿耙一样的靴子,腰佩刀矛箭和箭囊等。他们时而似天空闪电,时而如水中游鱼,在冰面上疾驰,同时张弓拉弦,依次向那串悬着的彩绫花朵射去。除两三人外,其他人都射中花靶。箭中花靶时花靶就自行发出种种鞭炮响声。"②可见多仁班智达是在朝觐年班制度下,有幸看到乾隆时期

---

① 《台湾诗钞》卷三,《台湾文献丛刊》第280种,台湾大通书局,1987年,44页。

② [清]丹津班珠尔:《多仁班智达传》,中国藏学出版社,1995年,417页。

清代火镰

的冰嬉盛典。根据记载，这场冰嬉表演至少包括抢等和转龙射球两项。文中记载表演转龙射球的人穿着火镰铁齿耙一样的靴子。火镰，古代常用的取火器物。火镰的形制与现代冰刀十分相似。转龙射球穿着火镰一样的靴子，确定是带冰刀的冰鞋无疑。而穿铁齿耙一样的靴子不是为了滑冰，而是为了防滑，所以这种靴子应该是抢球项目的装备。

上文提到荷兰学者伊维德在研究《崇庆皇太后万寿庆典》图的时候，关注到中国外交传统是向外国使节展现戏剧盛典，但因为访华时间限于新年期间，所以表演的项目都是冰嬉。可见外国使节也有机会受邀观看冰嬉。

其实冰嬉的政治和外交功能也可以追溯到清军入关之前。崇德年间，皇太极在盛京城外浑河河畔的"蹴鞠之戏"，都是由来华的朝鲜使团人员记录下来的。朝鲜世子和大君随皇帝、王公一同观"蹴鞠之戏"。此时，"蹴鞠之戏"已经有了阅武、节令庆典、恩赏和外交的功能。再向前追溯天命十年（1625）努尔哈赤举行的跑冰戏，这场冰上活动同样具有阅武、节令庆典、恩赏的功能。由于参加人员包括后金统治集团内的八旗、蒙古和汉官，我们可以认为这场活动已经具有恩赐、震慑蒙古势力的功能。但由于这场冰上活动仅限于后金统治集团内部，规模远不及后世，所以并没有形成震慑外藩、宣扬国威的功能。因此，冰嬉在外交和震慑外藩方面的功能，推测形成于皇太极时期。随着皇太极攻朝鲜、平蒙古等一系列武功上的胜利，清军所控制的疆域逐渐扩大，外藩人员逐步进入清朝政治生活之中。在皇太极改国号为大清，依照"参汉酌金"的原则，建立与明朝相似的政治制度以后，与外藩有关的制度也就逐步完善起来。

单纯追溯清代朝觐年班制度的渊源。年班制度在《钦定大清会典（嘉庆朝）》有明确的定义："凡朝正于京师，内扎萨克王以下，各以其班至，曰年班。"① 也就是漠南蒙古正月朝觐，恭贺元旦之礼。由此追溯，天命元年（1616）努尔哈赤称汗，开始庆祝元旦礼。崇德元年（1636），皇太极称帝，定元旦进表及万寿节庆贺朝礼。此时规定漠南蒙古各部首领到盛京朝觐，祝贺元旦、万寿节。清军入关后，康熙元年（1662）规定元旦、圣寿、冬至节庆，百官及外藩进表入贺。② 由此可见，乾隆时期与冰嬉盛典密切相关的正月朝觐制度，也形成于努尔哈赤定都赫图阿拉时期。这同样为冰嬉盛典的形成奠定了制度基础。

冰上盛典还有一个有趣的细节，一直延续下来。无论是天命十年（1625）的跑冰戏、崇德七年（1642）的"蹴鞠之戏"，还是乾隆十年（1745）开始的冰嬉盛典，在竞技活动之后，都有举行宫廷筵宴的传统。宫廷筵宴同样是国家典礼制度的组成部分。《乾隆帝起居注》中多次记载在阅冰嬉的同时"进茶果"。③ 阅冰嬉过程中，还有随行人员"赐食"的记载。《紫光阁赐宴图》中的冰嬉场景，冰嬉是筵宴的

---

① [清]托津等奉敕纂：《钦定大清会典（嘉庆朝）》卷五一《理藩院·王会清吏司》，文海出版社，1992年。

② 《清实录·圣祖实录》卷七，《清实录》第4册，中华书局，1985年，126页。康熙元年"嗣后，凡遇元旦、圣寿、冬至，各进表入贺"。

③ 中国第一历史档案馆编：《乾隆帝起居注》，广西师范大学出版社，2002年。

表演项目。反过来说，筵宴是将冰嬉盛典推向高潮不可缺少的环节。冰嬉筵宴具有"国宴"的性质，同时包含庆典、恩赏、外交等功能。而这种传统从后金政权时期就已经形成了。

第七章 冰嬉起源的民族基础

满洲是清王朝的统治民族，清朝皇家冰嬉庆典活动直观地反映了满洲先民艰苦创业的历史痕迹。满洲共同体是从明朝后期女真人直接发展而来。从女真到满洲共同体形成的历史过程，成为满族人的共同记忆。冰嬉是乾隆皇帝钦定的大清国俗，反映满洲旧俗，所以冰嬉起源与满洲共同体形成的历史记忆息息相关。满族人共同的民族记忆是冰嬉产生的民族基础。

第一节　后金建立之前的女真诸部

明万历四十四年（1616），努尔哈赤在赫图阿拉城称汗，建立后金政权，建元天命。后金政权以建州女真为核心，在统一女真各部的战争和后金政权的体制下形成共同的历史记忆。努尔哈赤追溯金朝为后金的源头，深受金朝文化影响。女真人作为金朝的统治民族，对北方民族生活的区域影响巨大。金朝是女真共同体形成的重要阶段。原来生活在东北地区的诸多少数民族进行了一次新的整合，成为融入女真民族的新鲜血液，女真人的群体空前壮大。随着金朝统治者入主中原，女真人经历了一次大规模的汉化过程。金朝灭亡之后，生活在中原地区的女真人已经汉化，而居于东北地区的女真人进入了新一轮的整合。

元末明初，散居在各地的女真部落开始了一场大规模的民族迁徙活动。明朝时期形成的建州女真、海西女真和野人女真已经不是金朝进入中原的女真的直系后裔，而是金朝时期生活在更偏远地区的女真人后裔。建州女真和海西女真汉化程度较高，他们在明朝占据了原来金朝女真分布的核心区。建州女真分布在以浑河流域为中心的广大区域内。建州女真内部又分为苏克素护河部、浑河部、完颜部、董鄂部、哲陈部、努尔哈赤部、鸭绿江部、讷殷部等。海西女真分布在辉发河流域和松花江中游地区，自称乌喇、哈达、叶赫、辉发等扈伦四部。野人女真生活在纬度更高的黑龙江流域和松花江下游地区，包括窝集部、虎儿哈部、瓦尔喀部等。明朝晚期，金元时期女真人的历史已经成为女真诸部共同的民族记忆。

第二节 后金时期女真诸部的整合

民族，特指具备共同语言、共同地域、共同经济生活和共同心理素质4个基本特征的稳定的人类共同体。努尔哈赤统治时期的后金政权，是满洲共同体形成的关键阶段。在这一时期，生活在东北地区的女真诸部完成了整合。整合之后的女真人又在后金政权的统一管理之下，强化了共同的生活地域、生产生活、语言和风俗习惯。这些特征成为满洲共同体形成的基础。

明朝中后期，生活在东北地区的女真逐渐壮大，明朝统治者利用女真诸部间的矛盾对其相互制衡。万历十一年（1583），努尔哈赤起兵攻打图伦城，开启建州女真统一女真诸部的战争，加速女真内部的整合过程。起初，建州女真人在军事活动中采用牛录的组织形式。据《清实录·满洲实录》记载："前此，凡遇行师出猎，不论人之多寡，依族寨而行。满洲人出猎开围之际，各出箭一枝，十人中立一总领，属九人而行，各照方向，不许错乱，此总领呼为牛录厄（额）真。"① 由此可见在军事活动之前，牛录是适应渔猎生产方式的社会组织形式，是狩猎时处于不同方位的分组。在发动小规模战争时，牛录成为军事组织的基本单位。随着战争的范围逐渐扩大，原有女真人以牛录额真统领的牛录组织形式，已无法满足战争需要。万历二十九年（1601），努尔哈赤对原有社会组织进行整改，建立黄、白、红、蓝四旗。《清实录·满洲实录》记载："是年，太祖将所聚之众，每三百人内立一牛录，额真管属。"② 从此，牛录分属四旗，从狩猎基本单位演变为女真内部军政合一的社会组织形式。万历四十三年（1615），随着归附努尔哈赤的女真部落和蒙古部落逐渐增多，努尔哈赤重新改造牛录组织，建立八旗制度。八旗制度创立不久，后金政权随之建立。八旗既是生产生活组织，同时也是军事政治组织。随着八旗制度的建立，女真诸部有了统一的管理体系。在这一体系下，女真人成为后金政权的编户齐民，平时分旗居住生产，战时分旗出兵征战。此前零散的女真部落，逐渐形成具有共同政治认同、经济生产、历史文化、风俗习惯的民族共同体。共同语言的形成，同样是满洲形成的重要特征。在老满文创制之前，建州女真同时使用女真文、汉文和蒙古文多种文字。万历二十七年（1599），努尔哈赤命巴克什额尔德尼和噶盖创制本民族的文字。创制民族文字，这代表着建州女真自觉地与蒙古、汉人区分，是满洲形成民族共同体的重要历史事件。共同的语言、社会组织和政权都是在建州女真生活在苏子河流域时期形成的。以赫图阿拉城为中心的建州女真是满洲形成的基础，也是满洲共同风俗习惯形成的民族基础。后金政权下的女真人，继承了对辽金元时期女真历史的记忆，并在政权的统一管理下，形成新认

---

① 《清实录·满洲实录》卷三，《清实录》第 1 册，中华书局，1985 年，117—118 页。

② 《清实录·满洲实录》卷三，《清实录》第 1 册，中华书局，1985 年，117 页。

同的民风民俗。冰嬉作为满洲旧俗，就是在这样一个民族融合的历史背景下产生的。从这个角度来说，冰嬉作为大清"国俗"，追溯冰嬉起源一定要关注努尔哈赤统治时期的后金政权。

第三节 满　洲

《满文老档》以"诸申"指代努尔哈赤和皇太极时期的女真人，是官方认定的族名。天聪九年（1635），皇太极改族名满洲。"诸申"改"满洲"，民族的内核并没有发生根本改变。所以，皇太极改族名之后，金元明时期女真人的历史、明末女真人在苏子河畔生产生活的风俗都成为满洲的共同记忆。

清军入关以后，满洲成为清朝的统治民族。在高度发达的农耕经济冲击下，汉地的生产生活、社会组织和儒家文化很快影响到满洲。满洲固有的生产方式、语言文字、风俗习惯和文化，在满洲人心中逐渐生疏。满洲共同体面临前所未有的危机。挽救"国语骑射"和满洲旧俗成为清朝统治者关心的核心问题。冰嬉直接反映满洲先民骑射的传统和满洲善冰雪的旧有习俗，成为强化满洲共同体特征的重要活动。可以说，满洲的形成是冰嬉盛典形成的民族基础。反之，在冰嬉盛典形成之后，又承载着保存满洲民族特征的重要任务。

在满族一直流传着有关完颜阿骨打和努尔哈赤的英雄传说。无论是阿骨打还是努尔哈赤，都是满族认同的英雄。关于阿骨打和努尔哈赤使用冰滑子打胜仗的传说，在东北地区有着深刻的民族基础。这是基于辽金元明清几百年历史形成的民族认同。赫图阿拉城最有可能是清朝冰嬉盛典的起源地。从满洲形成过程来看，赫图阿拉城是满洲的发祥地。这里是满洲共同体形成的重要地点。冰嬉作为满洲先民的共同风俗，冰嬉的起源、形成及流变贯穿于整个满族发展的历史。

第八章

冰嬉起源的民俗基础

第一节　满洲先民善冰雪的传说

口耳相传的传说资料，由于缺乏强有力的证据，不能作为信史被世人接受，更不能与正史记载同日而语。但传说是原始风俗习惯的印记，一定程度上反映了不同年代人们的思维观念和生活状态。这些风俗的印记是我们了解后世风俗来源的重要参照。所以，正视流传在东北地区的传说，对于我们了解冰嬉起源具有积极意义。目前流传的满洲先民善冰雪的传说，主要是有关军事战争中使用滑冰工具的故事。

1. 狗爬犁的传说

传说阿骨打起兵反辽的时候，不过3000兵马。辽王派将军耶律牙克带3万兵马去剿灭。两军交战在按出虎水附近。在阿骨打突围的时候，掉进了鸭子河的冰窟窿里，马上就要被耶律牙克生擒。忽然传来一声尖厉的呼哨声，一个穿狍皮衣服的女真老猎人坐在一个木架上，驾着6条大狼狗蹿了过来。老猎人一把拽过阿骨打，又打一个呼哨，6条狼狗一齐转弯，瞅着空子，飞也似的冲了出去。等耶律牙克一伙反应过来，狗爬犁已出了一箭地了。狗爬犁在冰上走得又稳又快。后来阿骨打当了皇帝后，念老猎人救驾有功，还特意到黑水北去看望他。老猎人当年救驾用的狗爬犁也在女真人中传开了。黑水北有的是好狗，在冰雪上走全仗着狗爬犁，后来那里就叫"使犬部"，今天的鄂伦春、赫哲人就是他们的后代。①

这是流传在黑龙江省尚志县的民间传说，讲述完颜阿骨打建立金朝之前，女真人与辽军队之间的一场战争。狗爬犁救阿骨打的传说发生在鸭子河。而鸭子河到底指的是现在哪条河流，至今说法不一。但无论哪种说法，鸭子河都处于黑龙江省与吉林省交界的松嫩平原范围。据《辽史·营卫志》记载："春捺钵曰鸭子河泺。皇帝正月上旬起牙帐，约六十日方至。天鹅未至，卓帐冰上，凿冰取鱼。冰泮，乃纵鹰鹘捕鹅雁。晨出暮归，从事弋猎。鸭子河泺东西二十里，南北三十里，在长春州东北三十五里，四面皆沙堝，多榆柳杏林。"② 鸭子河泺是辽朝春捺钵的重要地点。每年正月，辽朝皇帝都会前往鸭子河泺狩猎并处理政务。鸭子河泺很可能是鸭子河畔一个面积较大的湖泊。鸭子河畔对于辽朝来说，是一个十分重要的地理区域。传说中另一个地点是战争的发生地按出虎水。按出虎水就是现在黑龙江省哈尔滨市东南部的阿什河。这里是辽代女真人居住的核心地区。按出虎水还是女真人生活的水源地。辽代女真人生活的核心区与辽朝统治的重要区域相邻。在两股势力碰撞的区域，正是松花江上游及其支流流域。在这些河流纵横的河道上，狗爬犁是渔猎民族冬季重要的代步工具。但正史里并没有出现辽金时期使用狗爬犁的记载。官方史书对狗爬犁的记载始于

---

① 流传地区：黑龙江省尚志县。讲述人：关德顺（满族）。见于又彦：《女真传奇》，时代文艺出版社，1989年，154—157页。

② [元] 脱脱等：《辽史》卷三十二《营卫志中》，中华书局，1974年，373—374页。

元代的官修地理总志《元一统志》。而狗爬犁的传说，时间却提早到完颜阿骨打起兵反辽的时代。记载中狗爬犁的使用地域是元代开元路，而传说老猎人救阿骨打的地点是鸭子河到按出虎水之间河流。这个区域正好属于元代开元路的管辖范围。老猎人救阿骨打的传说真实性存疑，但松花江上游地区的女真人，平时生产生活中使用狗爬犁的推测是大致成立的。

2. 冰滑子的传说

阿骨打联合女真各部起兵反辽，在一举打下宁江州之后，辽王派重兵到松花江和伊通河的合流处——宾州，想挡住女真兵南下。阿骨打当时只有3000兵马，在松花江边安营扎寨。转眼到了冬天，江河都冰冻封严了。阿骨打冥思苦想夜袭宾州的计划，铁骊部几个送铁箭头的小阿哥给他很大启发。这些小阿哥穿着狍皮靴子，靴子上用鹿皮筋绑了一块小木块，木块上有一条小铁棍。这就是冰滑子。脚穿冰滑子，在冰面上行进速度非常快，可以达到突袭的效果。阿骨打命这几个小阿哥赶回铁骊部，做出3000副冰滑子送到大营。为了行走稳当，阿骨打让他们再做些安两根铁棍的冰滑子。几天后，冰滑子送到，阿骨打全军都穿上冰滑子，从松花江冰面滑行，连夜袭击宾州。到达宾州城后，辽兵以为是神兵天降，乱了阵脚。女真一举攻下宾州城。冰滑子从军队传到诸申中，滑冰成为女真人喜爱的活动。后来的满族人更喜爱这种活动，清朝皇帝还让八旗兵到北京城的北海进行打冰滑子的比赛表演呢。[1]

冰滑子的传说与金朝建国前一场十分重要的战役——宾州之战有直接关系。辽天庆四年（1114）阿骨打先攻下宁江州，后攻克宾州、

---

[1] 流传地区：吉林。讲述人：郎万国。见中国民间文艺研究会辽宁、吉林、黑龙江三省分会编：《满族民间故事选（第二集）》，春风文艺出版社，1983年，347—349页。

咸州，并于收国元年（1115）立国。宁江州和宾州都处在现在内流松花江流域，从地图上看，可以大致判断铁骊部到宾州之间的距离300公里。如此，铁骊部给攻打宾州的女真军队做后勤保障距离十分遥远。如果根据传说，穿冰滑子的小阿哥一天可到，在现实中很难实现。但在阿骨打建国之前一系列战争中，攻打宁江州城、出河店之战、攻打宾州城都是在农历十月、十一月，这与传说使用冰滑子的时令相符。完颜部攻克宁江州城之后，招降铁骊部也是历史事实。所以据此推测，在金朝建国之前，完颜部很有可能吸收周边部族使用冰滑子的传统，并将滑冰技术应用到战争之中。

冰滑子传说中的几个细节，为我们了解传统冰上运动的历史带来启发。第一，传说中冰滑子的形制是在靴子下固定木块，在木块上固定铁条。这种冰滑子是否真的是完颜阿骨打的军队曾经使用过的样式，已经无法考证，但明末清初，生活在苏子河畔的建州女真人穿着靴子是可以确定的。那么在靴子下面加固铁条变成冰滑子，在明末清初的女真人中间是很可能实现的。第二，冰滑子由渔猎民族发明，并应用到战争中。战争促使冰滑子向更大的范围传播。完颜阿骨打攻打宾州是否真的使用冰滑子也已经无法证明。但我们知道乾隆时期冰嬉盛典中有浓重的军事因素。战争促使滑冰活动传播是可以确认的。第三，传说冰滑子从军队传到诸申中，滑冰成为女真人喜爱的活动。这正好反映了滑冰活动成为女真人民俗活动的历史轨迹。滑冰是女真人共同经济生活的组成部分，也是女真人共同心理素质形成的重要因素。第四，传说中提到阿骨打使用冰滑子与清朝冰嬉表演一脉相承。这正好反映民间对清代冰嬉盛典起源的一种说法。

有关金朝建国前，完颜阿骨打使用狗爬犁和冰滑子的传说，广泛流传在松花江流域，特别是现在哈尔滨、尚志、五常、肇源、农安、扶余等地。这里是完颜部肇兴之地，也是金朝立国的大本营。在这个区域流传，一定程度上能反映女真人善冰雪的生活习俗。但冰滑子是否真实存在，是否是传说中描述的样子，早已无法考证。不过冰滑子与清代冰嬉盛典之间的密切关系，是可以想象的。

3. 乌拉滑子的传说

民国时期《体育周刊》有一篇文章《有清一代的溜冰史和冰鞋》[①]，给我们提供了努尔哈赤使用冰鞋的新线索："天命末年冬，太祖师次墨根城（即墨尔根，在黑龙江省，今则称之为抹拉根），征讨巴尔虎特部（打虎力之同种今尚在深山中）。兵至乞降，太祖乃移师循脑温江岸（即嫩泥江，今之嫩江也）。经齐齐哈尔，又拟入蒙古，途未半，巴尔虎特部又叛，围攻墨根城甚急。帝得耗，大惊，盖师行已千里矣（太祖实录作六百里）。时有名'费古烈'者，所部兵皆着'乌拉滑子'（冰鞋也），善冰行，以炮驾爬犁，沿脑温冰层驰往救，一日夜行七百里。时城垂陷，满兵至，巴尔虎特尚弗知，及炮发，群疑兵自天降，围始解。自是乌拉滑子之名大震，此为满兵军用溜冰之始。"《有清一代的溜冰史和冰鞋》提及这个传说来自《清语摘钞》一书。《清语摘钞》是清光绪十五年（1889）刊印一部满汉对照的辞典。但笔者多次查询原文，并没有找到此书中关于"乌拉滑子"的记载。从民国到现在，一般涉及冰嬉的文章都会提到努尔哈赤乌拉滑子的传说。虽然没有找到传说的出处，但在民国期间，乌拉滑子的传说至少已经开始流传。这也是具有参考意义的。

"巴尔虎特"即"巴尔虎"，就是《通典》和《新唐书》记载的"拔野古"。乌拉滑子的传说与隋唐时期曾经"著木脚"滑行的拔野古有关联，这不能不引起笔者的关注。努尔哈赤带兵征讨巴尔虎特部。军队由齐齐哈尔到墨尔根城。巴尔虎特部归降后，军队继续北上，准备进攻蒙古。在军队北上的过程中，巴尔虎特部重新反叛，围攻墨尔

[①] 晋卿：《有清一代的溜冰史和冰鞋》，《体育周刊》1932—1933年连载。

根城。此时努尔哈赤的军队已距墨尔根城上千里的距离。努尔哈赤命费古烈部全员穿着乌拉滑子，沿脑温江河道南下驰援。墨尔根城之围顺利化解。

以往研究对这段关于乌拉滑子的记载十分重视，多位学者曾经引用此处作为女真军队使用冰鞋的开始。墨尔根城就是现在黑龙江省黑河市嫩江市，脑温江就是嫩江。墨尔根城地处大兴安岭西麓平原，属于平原近山地带。巴尔虎特部处在大兴安岭山区之中。在历史上，墨尔根城是明代控制北方地区的重要卫所木里吉卫，清代曾是黑龙江将军的驻地，战略位置十分重要。传说中努尔哈赤由齐齐哈尔经墨尔根城北上入蒙古的路线，是明清时期东北地区通往蒙古的驿路。这条道路沿嫩江左岸，由齐齐哈尔一路向北，到达墨尔根城。道路在墨尔根城向北分为两条岔路，一条是向东北方向，可至瑷珲城；另一条是正北方向，抵达黑龙江上游额木尔河河口。传说中的行军路线应该是正北方向的驿路。这条道路一直沿河而行。如此才有了传说中沿嫩江河道南下驰援的说法。

传说中的行军路线是真实存在的，但传说中此次征讨巴尔虎特部的时间和历史人物却都存在问题。天命末年，即天命十一年（1626），努尔哈赤带兵的战争集中在辽西南下中原的交通线上，如攻打宁远城（今兴城市）的战役等。史料中仅有一次攻打喀尔喀蒙古的记载，是在天命十一年四月，不符合传说中冬季作战的背景。所以在天命十一年攻打巴尔虎特部，以及出入蒙古的传说是不可能发生的。此外，费古烈在明清时期的历史文献中并没有查到。如果是真实存在的历史人物，在努尔哈赤统一各部的历史中做出过如此重大的贡献，正史中应该有所记载。没有查到此人的蛛丝马迹，说明这个人物很可能是虚构的。那么，努尔哈赤在战争中使用乌拉滑子是否真实可信呢？笔者推测乌拉滑子在明末清初用于军事战争很可能是真实存在的，但使用人数和对战争的影响程度远不及传说中重要。根据乌拉滑子的传说推测，明末清初，生活在苏子河畔的建州女真很有可能已经开始使用冰鞋。

对比努尔哈赤和完颜阿骨打使用冰滑子的传说，发现这两个传说有很多相似的元素。第一，两个传说的主角都是一个新王朝的开创者，都是满洲先民心中的英雄人物。第二，两个传说都将原始冰鞋用于战争之中。第三，两个传说记录的战争地域相近，都属于松花江流域范围。第四，两个传说使用冰鞋都离不开漫长的冰封河道。第五，两个传说中的战争均因使用冰鞋而取得胜利。我们剥离传说中诸多不真实的因素重新考虑关于原始冰鞋的传说。"乌拉滑子"和"冰滑子"很可能是相似的物品。传说冰滑子是在狍皮靴子下用鹿皮筋绑了一块有铁棍的小木块，而乌拉滑子应该是在靰鞡鞋下绑上铁棍。靰鞡鞋是广泛流行于东北地区冬天穿的鞋子，一般用牛皮缝制而成，鞋里絮上靰鞡草，舒适保暖。清嘉庆年间方志《黑龙江外记》记载："土人著履，曰靰鞡，制与靴同，而底软，连帮而成，或牛皮，或鹿皮，缝纫极密，走荆棘泥淖中，不损不湿，显亦耐冻耐久。"[①] 因此我们可以了解，靰鞡鞋用牛皮或者鹿皮缝制而成，一般是低帮鞋。冰滑子是狍皮靴子，也就是用狍子皮制作的高帮鞋。看起来传说中的冰滑子要比乌拉滑子高级一些。传说对早期历史的记载很可能夹杂后人使用日常生活物品的痕迹，所以推测乌拉滑子和冰滑子很可能是同一种物品。无论是完颜阿骨打还是努尔哈赤，都是满族人希望真实存在的故事主角，而使用原始冰鞋取得战争胜利，也是人们希望的结果。无论是冰滑子还是乌拉滑子，更像是后人附会到英雄人物身上的传奇故事。在英雄人物创建基业的过程中，人们希望某种特色物品在故事中发挥重要作用。这种物品是人们日常生活中经常使用的物品，可以代表这个民族的独特风俗。由此推测，以乌拉滑子为代表的原始冰鞋在满族先民中应该存在，而且是代表满族特色的物品。乌拉滑子在应用于生产生活的同

[①] [清] 西清纂：《黑龙江外记》，成文出版社，1969年。

时，也很有可能在战争中使用。两个传说广泛流传在松花江流域和浑河中上游流域，为我们探索冰嬉运动起源的地域范围提供重要线索。

《清实录》记载关于努尔哈赤征讨萨哈连部和虎儿哈部的战争情节[①]，与乌拉滑子的传说有很多相似的地方。第一，虽然征讨部落不同，但都是在冰雪环境下取得胜利的战争。第二，乌拉滑子使用在嫩江流域，冰桥的传说是黑龙江流域，两个故事发生的地理环境相近。第三，虽然征讨萨哈连部和虎儿哈部的战争是官方记录，但两个故事都具有传说色彩，应该都有附会的成分。第四，征讨部落先投靠，后反叛，最后被平定的情节相似。乌拉滑子的传说是否和《满文老档》征讨萨哈连部和虎儿哈部战争的情节有关联，值得我们进一步思考。两个故事发生的时间不同。天命元年（1616）征讨统一黑龙江流域女真各部的史实应该是真实存在的。而天命十年（1625）征讨巴尔虎特部，显然时间有问题。嫩江和黑龙江处于相近的地理环境，努尔哈赤在统一东北的过程中，对这两个区域的征战时间应该是相近的。因此，两个故事很可能出于同源，利用原始冰鞋参与战争也很可能是成立的。

---

① 《清实录·满洲实录》卷四，《清实录》第1册，中华书局，1986年，190页。

第二节 《两世罕王传》中冰嬉起源的传说

为了寻找冰嬉起源的线索，笔者查阅"满族传统说部"记载的历史故事。满族传统说部是指由满族民间艺人创作并传讲的、旨在反映历史上满族人民征战生活与情感世界的一种长篇散文体叙事文学。因其体式与汉族民间艺人的说书比较接近，每部书可独立讲述，故称"说部"。满洲说部源于满族形成过程中"讲古"的传统，满语称为"乌勒奔"。说部流传于满族传统大家族内部，讲述家族历史上曾经发生的故事。在满族形成的过程中，女真人曾借助汉字创建女真文，努尔哈赤时期又借鉴蒙古文创建满文。但在满族形成的漫长历史中，几乎没有形成用文字记录本民族历史的习惯。《金史》记载："女直既未有文字，亦未尝有记录，故祖宗事皆不载。宗翰好访问女直老人，多得祖宗遗事。"① 说的就是满族先民讲古的传统。

---

① [元] 脱脱等：《金史》卷六十六《完颜勖传》，中华书局，1975 年，1558 页。

而由部落首领或者宗教首领来讲述历史,是满族人了解过去最常见的方式。口耳相传发展成了讲古,讲古又演变为满族说部。说部历史故事往往围绕满族英雄人物和重大历史事件展开,保留了大量满族社会、历史、民俗方面的原始记载,弥补了满族形成过程中缺乏正史记载、文人笔记的种种缺憾,是研究满族历史、社会、民俗、文学、宗教等方面不可忽视的资料。2006 年,满族说部入选第一批国家级非物质文化遗产名录,足见其重要的历史价值。

《两世罕王传》是满族说部的代表作。这本书记录的是王杲和努尔哈赤两代罕王(印汗王)奋斗一生的传奇故事,也是满洲先民从辽东崛起的历史缩影。民族学家富育光在《满族著名传统说部——〈两世罕王传·王杲罕王传〉传承概述》中写道:"《两世罕王传》大约形成于清初年间,最早都是用满语讲述的长篇大故事。"① 分布在北京郊区的陈姓家族是《两世罕王传》的重要传承人。清朝和民国年间,《两世罕王传》由陈姓家族长辈讲述。现在流行的版本就是陈姓家族于 1937 年保存下来的。20 世纪 80 年代,由民族学家在京郊采风获得,并整理出版。《两世罕王传》的版本留传,是满洲说部留传的真实写照。形成于清初的《两世罕王传》,保留了大量入关之前满洲先民的民风民俗。笔者惊喜地发现在《两世罕王传》的《王杲罕王传》中,保存了大量有关冰嬉活动的生动记载。这为我们探索冰嬉起源、还原冰嬉盛典提供了有效参考。《王杲罕王传》关于冰嬉的记载如下:

第二章 阿突罕梦魂拜师[②]

据说阿突罕在他十岁那年冬天的时候曾经走丢过,家里和部落里的人都出去找,也没找到。后来在一片荒山古林里的柳树下,

---

① 谷长春主编:《两世罕王传·王杲罕王传》,吉林人民出版社,2016 年,1 页。
② 谷长春主编:《两世罕王传·王杲罕王传》,吉林人民出版社,2016 年。

找到了酣睡不醒的阿突罕，人们把他背回了家。

到家以后，阿突罕还是一直酣睡，怎么叫都叫不醒。这可急坏了多贝勒，他请来萨满跳神，没有效果。没办法，多贝勒只能坚持每天给阿突罕顺牙缝灌些水，来维持他的生命。七天以后，阿突罕醒了。他揉了揉眼睛，抻了个懒腰，嚷着说自己饿了，要吃东西。阿突罕吃饱喝足以后，多贝勒才知道，原来儿子在野甸子上骑马追兔子时，闯进一片古林，迷了路，出不来了。马把他驮到了一个冰天雪地的古洞前，洞里飘出了一股股的草药味。

阿突罕沿着山洞小心翼翼地进到里面，里面很宽敞，有一位白胡子老玛发正端端正正打坐。哦，原来他是一位云游四方的尼堪僧人。那老僧慢慢地睁开眼睛，见到一个女真人打扮的小男孩来到了山洞，便招呼他过来坐。由于阿突罕从六七岁的时候就开始跟王忠到抚顺马市去交易，所以他会说汉话，阿突罕听话地坐到了老僧的身旁。老僧摸着阿突罕身上穿的猪皮袄裤和披肩上的串环，喜欢得不得了。老僧仔细端详小阿突罕，见他相貌不凡。老僧断定阿突罕日后定能成就一番大业，便把他领到山洞深处，教他一些占卜神术。阿突罕非常聪明，悟性也非常高，他通过和老僧的简单交流以及观察老僧的手眼动作，便能明白老僧的意思，况且这位打关内过来的老僧又常到漠北，也知晓几句女真话，所以俩人沟通起来并不吃力。老僧非常喜欢这名聪明俊秀的女真男孩，将汉人的五行之说及六甲神兵、诸葛相法统统传授给他，并且还传授给他一部《骑法神诀》书。要分别的时候，老僧送给他"遇水而生，遇骑而勇，遇骄则亡"十二个字，并告诫他："这是你一生的箴言。你要好生牢记，好自为之。"

阿突罕什么话也不说，只是掉泪。老僧又安慰他："你不要哭，天下没有不散的宴席，只要你牢记这十二个字，将来不辱没为师的名字就行了。"阿突罕不吱声，只是点头。

忽然，阿突罕开口说道："巴克希，我还想跟您学本事。"老僧疑惑地说："哦？本事？我教你六甲神兵和诸葛相法不都是本事吗？"阿突罕瞪着他那双发亮的大眼睛，坚定地说："巴克希，我知道，您教的那些兵法将来都用得上，但我说的本事不是指兵法，而是咱北边能用得上的。"老僧暗自思忖："北边能用得上的？"过了一会儿，老僧脸上有了笑容，说道："好，我教你冰嬉之术。"阿突罕不解。老僧告诉他："冰嬉是指所有冰上活动，有冰滑、冰球、冰舞、冰上'踢熊头'、打雪垯、堆雪人、挂狮象，嘿，花样儿多着哪。"阿突罕一听乐了，说："好啊！巴克希，咱们这边有大半年是冬天，这些本事一定用得着。"小阿突罕乐得直蹦高。

老僧牵他的手走出山洞，外面白雪皑皑，寒风呼啸。师徒俩来到山下一条大河边，只见河面上冰如明镜。老僧叫阿突罕在冰上跑几步，结果阿突罕的脚一踩到冰上还没等跑，就摔个屁墩，疼得他直咧嘴。阿突罕揉了揉屁股，爬起来又跑，又一个大屁墩……阿突罕跑不了了，因为冰面实在太滑啦。老僧说了句："看我的！"说着，老僧换了一双鞋，然后到冰面上去了。只见这位白胡子老玛发在冰面上快捷如飞，像长了翅膀一样。阿突罕都看呆了。阿突罕还在那里发呆，老僧已经回到他身边。阿突罕急切地问："巴克希，快告诉我，你怎么跑那么快呢？"老僧笑着说："奥妙在这儿呢。"说着话，老僧脱下脚上的鞋子给小阿突罕看。阿突罕接过鞋子左看右看，也没看出什么门道。老僧伸手把鞋底儿翻过来，只见鞋底上镶有一块细长的铁条，在熠熠闪光。阿突罕如梦方醒："哦，原来奥妙在这呀！"老僧点点头，说道："对，就是这玩意儿。这叫'冰滑子'，是金太祖完颜阿骨打的四太子金兀术发明的。"小阿突罕一听是女真人的大英雄金兀术发明的，就更有精神头啦，央求师傅快快讲讲它的来历。

老僧严肃地说:"此事说来话长了,这还要从大辽朝天祚帝讲起。公元1112年,大辽朝的第九个皇帝——也是最后一个皇帝天祚帝,行猎鸭子河时,在那里举办头鱼宴。天祚帝喝到有几分醉意的时候,叫在座的酋长们给他跳舞助兴。当时的那些酋长都是女真人,对大辽一百多年的残暴统治非常不满,但他们也不敢违抗皇帝的旨意,于是就起身跳起了女真舞蹈,可唯独有一个年轻人没有和大家一同跳。天祚帝认出他是女真完颜部落联盟大酋长乌雅束的弟弟完颜阿骨打。散席之后,天祚帝跟他最信任的大臣萧奉先说:'阿骨打这小子这样跋扈,根本没把我放在眼里,不如趁早杀了他,免生后患。'萧奉先是天祚帝元妃萧氏的兄长,他认为阿骨打没有大过失,杀了他会引起其他酋长的不满,就说:'他是个粗人,不懂礼数,不值得跟他计较。就算他有什么野心,一个小小的部落长,也成不了气候。'天祚帝觉得萧奉先说得有理,就没惩治阿骨打,渐渐地也就忘了这件事。后来,阿骨打称帝建立了金朝。那年秋天,天祚帝率七十万大军亲征,他心想:小小阿骨打只有区区两万人马,根本不堪一击,我七十万大军就是踩也把他踩死了。哪知道,阿骨打毫不畏惧,亲率两万人马应敌。阿骨打依地势部署防御了八天,辽军也没有动静。原来此时的辽国内部发生了政变:耶律章奴在上京反叛,天祚帝匆忙西去平定叛乱了。得知这一情况,阿骨打当机立断,从防御改为主动出击,派轻骑兵追赶天祚帝,创造了两万人战胜了七十万人的奇迹。后来历史上有句话叫'女真过万不可敌'就是这么来的。公元1122年,北宋出兵伐辽,大败而回。金兵却以破竹之势攻占了辽的中京,天祚帝见大势已去,命耶律淳留守南京,自己则率卫兵逃往鸳鸯泺。到了鸳鸯泺还没等喘过气,金军就追来了,天祚帝只好以五千卫兵护驾,逃往西京大同府。金军尾追至西京,天祚帝留少部分人驻守西京,他带着大部分人马继续向西逃窜。金兵降服守军，继续向西追击天祚帝。这一路上天祚帝是惊慌奔命，最后逃到夹山，夹山就是如今的内蒙古的大青山。大青山易守难攻，金兵无法进山追剿，没办法，只好从外围把大青山围起来，而这一围就围了整整两年。围困大青山的金军将领是金朝国相撒改长子完颜宗翰。完颜宗翰本名黏没喝，又名粘罕，小名鸟家奴。这年冬天的一天，天祚帝探听到粘罕回上京去了，便准备做最后一搏，拼死突围到西夏去。这一情况被金朝安插在大辽的暗探知道了，报告给了当时的金军将领完颜娄室。完颜娄室便把部下将领召集到一起商议对策。这时，一位叫金兀术的女真英雄来到大帐中，和金将完颜娄室秘密商议了很久，得到完颜娄室的赞许。第二天，金军全部装上'冰滑子'，奇袭天祚帝。'冰滑子'打破了两军对峙的僵局，奇袭成功。二百年前由辽太祖打下的基业就这样从历史舞台上退了下来。后来金兀术把天祚帝降为海滨王，在金国善养，三年后病死。"

阿突罕被金兀术的英雄故事深深地感动，他说："我也要做金兀术那样的人。"

阿突罕苦练冰嬉之术，学会了许多冰上本领，有初手式、小晃荡式、大晃荡式、扁弯子式、大弯子式、大外刃式、跑冰式、背手跑冰式等形态；他还会很多花样呐，如哪吒探海、大蝎子、金鸡独立、朝天蹬、童子拜佛、双飞燕、卧鱼、卧睡春、千斤坠等姿势；不仅如此，他还会缘竿、盘杠、飞叉、耍刀、弄幡、倒立、扯旗等高难度动作；射天球是旗门上高悬带穗之"天球"，滑冰者于运行中张弓射球……

一天，阿突罕练完金鸡独立、凤凰展翅、果老骑驴、燕子戏水、犀牛望月等冰上射箭技艺，回到山洞，发现座位上打禅的师傅不见了。他洞里洞外、山上山下找了个遍，也不见师傅的踪迹。阿突罕知道一定是师傅不辞而别，他不禁大哭起来。这一哭把阿突罕哭醒了。原来阿突罕昏睡了七天七夜，醒来时，他身旁有一部《骑法神诀》奇书。阿突罕把自己梦魂拜师的奇遇告诉了自己的阿玛和额娘。后来，阿突罕把冰嬉之术传授给女真人。

话说多贝勒的势力大起来以后，经常带着戈什哈，凭着敕书，到抚顺马市去交易。时间久了，多贝勒就认识了抚顺的御史大人张学颜，俩人处得不错。多贝勒经常给他带一些山里的特产，像人参、貂皮、狍子肉、木耳、榛子、核桃等。御史大人也经常给他一些中原的布帛、食盐及生活用品。一来二去，他俩成了好朋友。

阿突罕十岁的时候，有一次，多贝勒带他去马市交易，恰巧碰到在抚顺马市的御史大人张学颜在翻看一本书，越看越皱眉。阿突罕好奇，凑到了他跟前。哦，这本书他认识，跟前一阵子那个汉族师傅送他的奇书《骑法神诀》一模一样。此刻张御史正为其中口诀的费解直皱眉，一抬头，看见这个女真孩子在自己旁边站着，便不耐烦地说："去，去，去，别在这捣乱，这本书你看不懂。"阿突罕不屑地说："哼，这有什么难的？如果你给我一匹好马，我就给你讲解书中的口诀。"御史大人有些不相信地说："此话当真？"阿突罕小嘴一撇，傲慢地回答："当真。"张御史一拍大腿，说："好，我这就叫人牵一匹好马来。但有一条你给我听好了，如果你讲不明白，别说我宰了你！"

张御史很快叫人牵来一匹骏马。阿突罕上前把马鞍卸掉，纵身一跃，骑上了这匹马的马背，然后就像长了翅膀一样，一溜烟不见了踪影。张御史正在张望，阿突罕已经回到了张御史身旁，在马上干净利落地做了一个前滚翻，一个后滚翻，接着又稳稳地站在马背上，然后又一溜烟地不见了。张御史还没醒过神来，阿突罕又回到张御史身旁，而且是倒立在马背上，嘴里振振有词地叨咕着什么。张御史仔细一听，这个女真孩子正在背诵《骑法神诀》

中的口诀呐。张御史很奇怪,这个女真孩子怎么会背汉书呢?此时的阿突罕尼堪话已经说得很好了,他用尼堪话大声喊:"这本书我读过!"张御史更奇怪了,这么深奥的书他一个女真小孩怎么能读得懂?阿突罕记得自己对师傅的承诺:一定不把自己拜师的奇遇说出去,所以他只是又一遍对张御史说:"《骑法神诀》我读过!"

张御史还奇怪,这时阿突罕的阿玛多贝勒来了,张御史一把拉住他说:"这是个神童,快,帮我留下他。"多贝勒看了阿突罕一眼,笑着对张御史说:"什么神童?他是犬子。一个小屁孩懂什么?"张御史见是多贝勒儿子,心中大喜,说:"快,快随我进府,我还要向他学习骑术呢。"阿突罕随阿玛多贝勒就这样进了张御史的家。

冬日的一天,张御史到自己府上的后花园,阿突罕正在"射天球"。张御史定睛细看,只见广阔的冰场中央设立着一座旗门,旗门的顶端高高悬挂着用彩穗制成的"天球"。阿突罕站在一百步外搭弓射箭,弓响箭出,正中目标。真是身手敏捷,英姿勃勃。张御史越看越喜欢,不禁大声说道:"你还有什么本事,都使出来,让老夫开开眼界。"阿突罕答应一声,表演起汉族师傅教他的冰嬉之术——阿突罕到了晶莹如镜的冰面上,换上带有冰滑子的靴子,快捷如飞,把张御史都看呆了。接着,阿突罕又在如镜的冰面上一连倒滑好几丈长,一会儿左转,一会儿右转,一会儿向后跃翻,一会儿伸腿张臂……张御史不停地为这精彩的冰上表演鼓掌叫好。阿突罕又请张御史给他牵来一匹好马。马牵来以后,阿突罕表演起"冰上一马十三式"。这项表演,要求表演者一口气完成十三个高难度动作。阿突罕表演到最后一式双腿蹲滑时,张御史又一次为阿突罕的精彩表演鼓掌叫好。阿突罕表演完"冰上一马十三式",又开始在旁边的雪地上堆雪人、塑雪马,玩得不亦乐乎。

张御史让下人把酒水和佳肴拿来，并把阿突军的阿玛多贝勒也请来，他要为小阿突军饮酒赋诗。酒席上，多贝勒父子见礼后，张御史问阿突军："你刚才表演的是什么呀？"阿突军回答："我表演的叫冰嬉之术。"张御史有些疑惑，问："冰嬉？"

阿突军说："对，是叫冰嬉，是指冰上所有活动。有速滑、花样滑、射箭、冰球、冰舞、冰上'踢熊头'、打雪垯、堆雪人、挂狮象等，花样儿多着哪。"阿突军接着说："咱们这里有半年的时候是冬天，练好了这些，行军打仗都用得着。"张御史点头称是，又问："这'踢熊头'是怎么回事？"这回多贝勒抢着回答："在以前，我们的先祖在捕获熊、虎、豹、野猪等猛兽时，先要将捕捉到的动物的头放在树桩上拜谢山神，然后才能烤食兽肉，食后要将兽头拿来踢，以尽余兴。熊头多为所踢之物，此项活动就称'踢熊头'。后又用熊皮、熊毛制成球状物，取代熊头来踢，所以又可称为'踢形头'。"张御史又问："'踢熊头'有什么规则吗？"多贝勒说："当然有。首先要在冰上画三道横线，设三名裁判，每名裁判手中各执一根木杆，立于线上，任何一方将'熊头'踢入对方线内，裁判手中的木杆即刻落下，判为得分，得分多的为胜方。"张御史豁然开朗，说道："我知道了，古书上讲的'蹴鞠'就是这种比赛。苏秦游说齐宣王时形容临淄甚富而实，其民无不吹竽、鼓瑟、蹋鞠者。'蹋'即'蹴'，'鞠'即'球'。汉代的《西京杂记》《盐铁论》《蹴鞠新书》《刘向别录》中都有关于蹴鞠的记载。三国两晋南北朝时，蹴鞠之习依旧流行未衰。唐宋时期最为繁荣，经常出现'球终日不坠'，'球不离足，足不离球，华庭观赏，万人瞻仰'的情景。杜甫有诗曰：'十年瞰鞠将雏远，万里秋千风俗同。'"

说到这里，张御史诗兴大发，站起身来吟道：

青靴窄窄虎牙缠，豹脊双分小队圆。
整洁一齐偷著眼，彩团飞下白云边。
万顷龙池一镜平，旗门回出寂无声。
争先坐获如风掠，殿后飞迎似燕轻。

吟诗完毕，张御史又对多贝勒父子说道："汉人、女真人都是大明子民，是一家人。我要收阿突罕为义子，而且我还要给他起个汉人名字。"多贝勒叫过阿突罕给张大人磕头，拜义父。张御史看着小阿突罕，考虑给阿突罕起个什么名字好呢？他沉思了片刻，然后一拍桌案，大呼："有了，有了！"多贝勒忙不迭地问："叫什么？"张御史回答："就叫王杲吧。'王'是我们盼望他有出息，成为女真王爷，'杲'汉意是明亮。王杲的意思就是闪烁光芒的女真王爷。怎么样？"多贝勒很感动，连说："好，好！"从此阿突罕就改名叫王杲了。

我们先看《王杲罕王传》关于冰嬉记载的真实性。据《清史稿》记载，王杲确有其人。他是明嘉靖年间建州女真首领，建州右卫都指挥使。王杲势力崛起，以古勒为中心，全盛时期达到"建州诸夷，悉听杲调度"的局面。此时，他控制建州左、右两卫全部区域，使浑河、苏子河流域出现统一格局。王杲曾率军与明军在古勒城至抚顺城一带进行激烈战斗。最终，在明军的围攻下，王杲失败。王杲是对建州女真完成整合的第一人，也是建州女真最初反明斗争的首领。王杲与后起的努尔哈赤家族属于同宗，很多史学家认为王杲和努尔哈赤的外祖父阿古都督是同一人。王杲的事迹极大地影响了努尔哈赤起兵反明的思想。古勒城遗址位于辽宁省新宾县上夹河镇胜利村。这里是历史中王杲父子两代所据之地。古勒城遗址沿苏子河畔向东南方向约40公里，就是赫图阿拉城。王杲是建州女真的英雄，但有关他的事迹却很少有人关注。《王杲罕王传》里有关王杲拜师的记载细致生动,在考虑这段记载真实性的同时,我们不能否认其中传递出来有关冰嬉起源的有效信息。

关于传说的真实性确实值得商榷。比如,传说中的张学颜在《明史》中有传,记载中张御史其人是嘉靖三十二年(1553)进士,隆庆五年(1571)为右佥都御史巡抚辽东。王杲于万历三年(1575)被磔于北京。所以,在王杲死前4年才巡抚辽东的张御史,不可能看到王杲小时表演冰嬉的场景。民间传说常常会把很多历史事实附着在本民族的英雄人物身上,形成英雄传说。《王杲罕王传》最初成书于清初年间,现在留传下来的版本是清末民初时期形成的,说明在清末民初的时候,满族人相信冰嬉形成于清军入关之前。冰嬉之术是满族特有的风俗。

再看冰嬉传说带给我们关于冰嬉起源的启示。传说冰嬉之术是游方僧传授给王杲的。王杲学习冰嬉的初衷是"北边能用得上"。北方冬季时间长、冰期长,无论是生产生活还是军事战争,都离不开冰雪环境。所以冰嬉中最重要的技能——滑冰,是女真人适应冰天雪地的自然环境而掌握的实用技能。漫长的冰雪季是冰嬉产生的环境基础。游方僧告诉王杲,冰滑子是金兀术在金辽战争期间突袭天祚帝而发明的,金兀术就是金太祖完颜阿骨打的第四子,金国名将完颜宗弼。这与上文说到冰滑子的传说有很多相似性。这些传说无论是涉及阿骨打还是金兀术,冰滑子都是女真英雄在金朝起兵反辽的战争过程中出现的。冰滑子作为突袭工具,在战争中发挥出左右战局的作用。从传说的角度去考虑冰滑子的起源是否与辽金时期的女真人有关,尚无法考证。但冰滑子的传说让我们重新思考冰嬉之术的源头问题。

传说王杲学会冰嬉之术以后,将冰嬉传授给女真人。王杲生活在苏子河畔,这里是建州女真生活的核心地区。王杲是否真正传授冰嬉之术无法确知,但冰嬉从苏子河畔流传开来是大致可信的。从上文论述可知，后金天命十年（1625）在太子河畔的冰上庆典是非常成熟的皇家庆典活动。这次活动应该不是后金冰上庆典的最初状态。由太子河畔冰上活动向前追溯，冰上庆典活动需要的八旗组织、官僚体系、庆典礼制和军事传统等制度均是在努尔哈赤统治时期的赫图阿拉城创立的。所以大清冰嬉盛典的起源应该追溯到努尔哈赤统治时期的苏子河畔。而《王杲罕王传》，同样认为冰嬉是由苏子河畔的女真人流传开来的。冰嬉作为满洲旧俗，与满洲的先民——建州女真有直接关系。传说与历史追溯不谋而合，以赫图阿拉城为中心的苏子河畔成为探寻冰嬉起源的核心地点。

最后我们分析一下《王杲罕王传》提到的冰嬉之术包括的活动项目。传说冰嬉之术是多项冰雪活动的统称，包括冰滑、冰球、冰舞、冰上"踢熊头"、打雪垯、堆雪人、挂狮象等项目。这与我们认知的冰嬉有很大区别。乾隆时期冰嬉盛典包括的项目有抢等、抢球和转龙射球3项。到清末民初，冰嬉在民间已经代指多种冰上运动。这样看来，显然《王杲罕王传》所指的冰嬉之术范围最为广泛。其中，《王杲罕王传》对冰上射天球、冰上一马十三式和"踢熊头"的叙述特别生动，推测这3项应该是冰嬉之术的核心项目。冰上射天球和"踢熊头"明显是冰嬉盛典中转龙射球和抢球的雏形。"踢熊头"的表述和游戏方法与上文提到的冰上"蹴鞠之戏"应该有直接渊源关系。如此，寻找"踢熊头"的源头，对于论证冰嬉起源就十分重要了。

在传说中，"踢熊头"的传说是由多贝勒讲述的。显然，就算是王杲没有跟随白胡子老头学习冰嬉之术，女真人也早就流行着"踢熊头"的活动。这说明在满族的历史记忆中，"踢熊头"历史非常悠久。"踢熊头"的历史可以追溯到满族先民原始狩猎的时代，后来发展成为冰上"踢形头"比赛，并制定了明确的项目规则。除了《两世罕王传》记载"踢熊头"的传说之外，在《中国民间故事集成·辽宁卷》还记载了另一段"踢熊头"的传说。

李成梁"踢熊头"

在北镇县城北有三道边墙,是明代修的。边墙北边有个约摸三四十丈见方的大平滩,是当年明军的练兵场。大平滩北有一道大沟,沟南有一个明军放哨的瞭望台,叫白台子;沟北有一个女真兵放哨的瞭望台,叫黑台子。两个台子相离不远,双方的哨兵都能互相瞅见。

那时北镇县名叫广宁,驻守在广宁城的明朝总兵李成梁,经常到这个练兵场观看兵丁练武和"踢熊头",女真兵也常在远处偷看。这"踢熊头"就好像如今踢足球,不过今天的足球是胶皮胆囊,牛皮面;那时候的"熊头"呢,里面是"猪尿泡",外面包着八块瓦的牛皮罩,吹起来鼓鼓的,一踢挺老高,兵丁们最爱玩这玩意儿。

有一天,李成梁又带着随从到练兵场巡看,看见兵丁们正在挥刀舞剑,练劈练杀。李成梁下令停止练习,要看看兵丁们"踢熊头"。教头一下令,兵丁们巴不得地,就踢起"熊头"来了。场上分成两伙儿,你争我抢,谁也不让。兵丁们踢得正叫劲呢,赶巧"熊头"落在李总兵眼前。他急忙站起,飞起一脚,一来说李成梁是真有脚劲,二来说那"熊头"也轻点儿,就这样"噔"一下子,把个"熊头"踢到半天云里去了。兵丁们仰脖看着半天空中的"熊头"齐声叫好:"踢得高!踢得太高了!还是总兵大人的脚有劲啊!"

这工夫,练兵场北面的两个女真哨兵,在台子上正偷看李总兵和兵丁们"踢熊头",他们远远听见兵丁们夸李总兵踢得高,暗自叫好。他俩一边瞅,还一边伸胳膊踢腿地直比画,想过来踢一踢,过过"踢熊头"瘾,可是在两军阵前不兴那个,只得眼巴巴地看着明军的练兵场干着急。

李成梁一回头,发现那两个女真哨兵在偷看这边"踢熊头",

他灵机一动，心生一计，转过身来，假装没事的样子。过了一会儿，他和教头小声嘁嘁了几句话，又告诉教头，停止"踢熊头"，收兵回营。教头一声令下，官兵们整理戎装，扛枪的、背刀的、骑马的、步行的，缕缕行行，都回兵营去了。

那两个女真哨兵，看见李成梁领兵回营了，往练兵场上一撒目，发现场上有个"熊头"。一个哨兵说："哎！你看他们忙得把'熊头'落下了。"另一个哨兵说："这回该着咱俩踢踢'熊头'过过瘾了，你在这放哨，我去取。"说完话，他就蹑手蹑脚地跑到练兵场来抱"熊头"。他一抱，没抱动！"嗯？手没劲儿？"他往手上吐口唾沫，又使足劲弯下腰去抱"熊头"，还是没抱动。他仔细一瞅，我的妈呀！原来是个大铁"熊头"！哨兵一想：这李总兵可真了不得，这么大个生铁球子，一脚就能卷到半天空里去，这真得有神人力气呀。

他觉得这是件奇事儿，得赶紧回去向当官的禀报。可他又抱不动，就把这个大生铁球子，叽里咕噜滚了回去。

女真的官兵们听哨兵回去一学说，再看这么大个儿生铁球子，别说踢呀，就连搬都搬不动啊，都惊得张飞逮豆鼠子——大眼儿瞪小眼儿，嘴不说心里想，这李成梁真是神人，力大无比。这事儿一传扬，一传俩，俩传仨，很快就在女真军中传开了，越传越神。这以后，女真兵在两军交战的时候，一听说李成梁带兵来了，都吓得不打就蹽。从此，李成梁的威名声震辽东。

可这"熊头"怎么会变成大铁球子了呢？原来这是李成梁定下的计策，他当时踢的是"猪尿泡"做的熊头，丢下的却是个生铁球子，用来迷惑女真兵。他这一计，还真成功了。①

---

① 中国民间文学集成全国编辑委员会、中国民间文学集成辽宁卷编辑委员会：《中国民间故事集成·辽宁卷》，中国ISBN中心，1994年，43—44页。

同样是"踢熊头"的传说，在辽宁北镇流传的却是李成梁"踢熊头"的版本。李成梁是明末著名镇守的辽东将领，生活时代与王杲同时，是王杲的死敌。隆庆四年（1570），李成梁驻守广宁（今辽宁省北镇市）。以李成梁为首的辽东明军，是建州女真对峙的主要力量。万历二年（1574）在王杲诸部进攻辽阳、沈阳的战争中，李成梁进军古勒城，彻底击溃王杲势力。传说中"踢熊头"是李成梁带领明军训练的军事项目。"踢熊头"的地点并不是《王杲罕王传》提到的冰面，而是普通的练兵场。传说虽然没有说明李成梁"踢熊头"的规则，但从叙述来看，这种"踢熊头"与汉地蹴鞠更为近似。李成梁"踢熊头"成为明军智斗女真军队的工具。

　　同一区域内，交战双方建州女真和明军都流传着"踢熊头"的故事。这至少说明在辽东地区"踢熊头"活动非常流行。在"踢熊头"流传的过程中，逐渐形成人们口耳相传的传说故事。无论是生活在苏子河畔的王杲，还是以广宁为中心的李成梁，都是当地人们心中的英雄。将流传在当地的民间娱乐项目附会在英雄人物的身上，是民间故事最常见的组合方式。那么，"踢熊头"到底是汉人还是女真人发明的娱乐项目呢？从故事的内容来看，李成梁"踢熊头"的传说是驻守在北镇的明军经常在练兵场"踢熊头"。《王杲罕王传》里多贝勒描述的"踢熊头"是来自满族先民狩猎中形成的祭祀、生活习惯和娱乐风俗，后来发展成冰上"踢形头"。二者相比，笔者认为"踢熊头"是广泛流行在辽东地区的民间传统娱乐项目。冰上"踢熊头"是生活在苏子河畔的女真人发明的说法更为可信。"踢熊头"来源于女真人长期的狩猎风俗，并逐渐发展成为军队中训练士兵的军事项目。随着冰上"踢熊头"在女真人中间广泛流传，逐渐形成明确的比赛规则，成为后金冰上盛典的重要组成，同时成为清朝冰嬉盛典的直接源头。现在，满族"踢形头"是牡丹江市申报的黑龙江省非物质文化遗产，推测这与"踢形头"活动的流传地域有关。在满洲共同体形成之后，满洲随着清军入关逐步壮大。牡丹江市在清朝先后分属宁古塔将军和吉林将军管辖，这里是清朝封禁之地，也是满族人生活的聚居地。"踢形头"的传说在牡丹江地区流传，并发展成为当地满族人的传统娱乐项目。这是"踢形头"在女真（满洲）中间广泛流传的直接证据。时至今日，"踢形头"仍然是满族特色传统体育项目，并继续在满族中间传承下去。

  李成梁"踢熊头"的传说很可能是借鉴东北地区满族"踢熊头"的名称，实际规则与汉地蹴鞠项目基本一致，而与女真人冰上"踢熊头"有很大区别。《王杲罕王传》中张御史对"踢熊头"的理解其实就是汉人传统的蹴鞠项目。他从齐临淄的蹴鞠说起，一直到唐代杜甫诗结束，说的都是汉地蹴鞠的历史。很有意思的是，张御史讲完蹴鞠历史之后，作诗一首。这首诗描写的却是满洲"踢熊头"。张御史作诗出自清代曹寅的《楝亭诗别集》。曹寅是曹雪芹的祖父，生活在顺治、康熙时期。所以，这首专门描写"踢熊头"的诗，推测作于康熙时期。我们来看这首诗描写的内容，"青靴窄窄虎牙缠"说的是"踢形头"的装备是鞋底带铁齿的靴子，就是特制的防滑冰鞋。"豹脊双分小队圆"说的是"踢形头"的规则，比赛分为两个队伍。"整洁一齐偷著眼，彩团飞下白云边"描写的是"踢形头"的场景。"万顷龙池一镜平，旗门回出寂无声。争先坐获如风掠，殿后飞迎似燕轻。"告诉我们"踢形头"的地点是"龙池"，推测应该是皇家禁苑，最有可能的就是西苑太液池。"踢形头"比赛中有球门，而参赛的人们都身轻如燕。这首诗的描写与《金鳌退食笔记》康熙时期玩赏踢球的记载基本一致，与汉地蹴鞠有一定区别。可见《王杲罕王传》对冰嬉的描述，杂糅了汉人蹴鞠和满洲"踢形头"两个不同源头的项目历史。而关于满洲"踢形头"又附会了康熙时期太液池玩赏踢球的场景。因此，《王杲罕王传》关于冰嬉的描写，融入了很多清代冰嬉盛典的细节。

  再来回顾《王杲罕王传》里对冰嬉动作的描写，阿突罕（王杲）

苦练冰嬉之术的本领包括初手式、小晃荡式、大晃荡式、扁弯子式、大弯子式、大外刃式、跑冰式、背手跑冰式等形态，还有哪吒探海、大蝎子、金鸡独立、朝天蹬、童子拜佛、双飞燕、卧鱼、卧睡春、千斤坠等姿势。与乾隆时期冰嬉盛典相比，这些姿势都属于转龙射球中冰上技巧的范畴。也就是由张为邦、姚文瀚合笔绘制《冰嬉图》上，描绘转龙射球项目的冰上表演赛。同样，阿突罕学会的缘竿、盘杠、飞叉、耍刀、弄幡、倒立、扯旗等高难度动作，也属于此类。射天球更是转龙射球的核心技艺。由此看来，阿突罕苦练的冰嬉之术，实际上是乾隆时期冰嬉盛典中转龙射球项目的所有技术。此外，《王杲罕王传》里描写阿突罕给张御史表演冰上项目包括"射天球"、花样滑冰和"冰上一马十三式"。其中，"冰上一马十三式"是历史文献中没有提到的。民国时期《有清一代的溜冰史和冰鞋》一文中曾提到"一马十三式"，指的是清末时期冰嬉表演中单人表演的花样滑冰技艺。"一马十三式"没有固定的线路，也没有固定的姿势，但要求表演者必须做出13个高难度动作。所以"一马十三式"是滑冰技术最好的人才能做到的冰上花样。这与《王杲罕王传》里阿突罕表演给张御史的"一马十三式"有很多相似之处。比如都是一个人完成13个高难度动作。但二者有一个细节上的不同，就是阿突罕的"一马十三式"是在马上完成的，而清末"一马十三式"是表演者直接在冰面上完成。在乾隆时期的文献中没有关于"一马十三式"的记载，但在民国回忆清末冰嬉场景时，出现了"一马十三式"的表演。冰嬉盛典在乾隆时期和光绪时期，在项目方面已经有了很大差别。从"一马十三式"的名称来看，阿突罕表演的"一马十三式"很可能是清末"一马十三式"的雏形状态。这个项目最初是有马参与的，相当于冰上花马伎表演，后来简化成清末无马参与的状态。而"马上一马十三式"，又可以和《马术图》的场景相联系。同样，嘉庆年间《唐土名胜图会·冰嬉图》也是有马参与冰嬉表演的。可见清末"一马十三式"的起源至少应该追溯到乾隆、嘉庆时期。在冰嬉中重视骑马，又反映了满洲重视骑射传统的旧俗。

根据上述分析，《王杲罕王传》关于冰嬉之术的描述，大都反映了嘉庆朝之前清朝冰嬉盛典的场景。这一时期的冰嬉盛典，是冰嬉最兴盛、场面最宏大的时期。留传至今的《王杲罕王传》代表了满族共同体对冰嬉之术的记忆。满族说部愿意将冰嬉最宏大的场景演绎给后人。同时，满族说部相信如此盛大的冰嬉盛典源于建州女真生活的核心地区——苏子河畔。

第三节 与冰嬉有关的民歌

满族民歌是满族千百年以来在生活、劳动中所创作的口耳相传的民歌歌谣,最早的形式是以满族的民谣形式进行传播。[①] 满族民歌是满族历史的缩影。在民歌中,我们可以找到有关满族生产生活、风俗习惯、军事宗教等方方面面的内容。在这些内容中,有一部分与冰嬉或者冰雪习俗有关的记录,从一个侧面反映满族善冰雪的旧俗。这些旧俗也是冰嬉产生的民间基础。

1. 与冰雪运动相关

打花巴掌是北京地区一种传统的儿童游戏。两人一组,边拍手边按节奏数着花的名字,念说着合辙押韵的顺口溜。在北京西郊满族说唱里,流传着一首《打花巴掌》民歌。这首民歌根据一年12个月的特征写起,其中描写

---

① 何纪红、张丙娜:《简述满族民歌特征》,《满族研究》2013年2期,114—119页。

农历十一月，有这样一段："……打花巴掌哒，冬月冬，大河小河结了冰，北风吹啊，雪花飘啊，冰上'探海''双飞'高啊……"[1] 这段民歌反映的正是冬季民间冰上滑冰的情景，冰上"探海""双飞"指的是冰嬉里特有的花样动作"哪吒探海"和"双飞燕"。在京郊的满族民歌里直接反映冰嬉场景，是冰嬉流传到民间最直接的证据。

在吉林敦化附近地区，流传一首满族民歌《大踏板》，反映了满族人民脚踏雪板，冬季狩猎的生产劳动情形。"大踏板，八尺长，阿玛穿它撵黄羊。黄羊跑到山背阴，大雪壳子二尺深。黄羊它可没了辙，四腿一撑进雪壳。动也动不得，挪也没法挪。抓住黄羊小细腿，嘎嘣儿嘎嘣儿全撅折。"[2] 敦化，属于唐代渤海国的核心区域，隋唐时期是粟末靺鞨的聚居地。此处位于长白山腹地，是满族先民的发祥地。在这个区域内流传很多满族民歌，反映满族先民的民间风俗。"大踏板"就是北方民族狩猎时所穿的亦冰亦雪的滑行工具"木马"。从这段民歌来看，踏板长 8 尺（约 2.7 米），显然是滑雪用的滑雪板。民歌中脚踏滑雪板狩猎的场景与文献记载可以相互印证。

2. 与满族观念相关

满族女性不裹脚，适于参加生产劳动。在满族民歌里保留了对大脚的赞美和对裹小脚嫌弃的描写。前文曾讨论天命十年（1625）参与太子河畔跑冰戏的女性穿什么鞋的问题。我们从满族民歌里可以找到一些线索。"木底鞋，咯登登，不怕雨，不怕风。下雨它能当小船，刮风它能当风筝。当风筝，上天空，扔下尼堪小脚登。下雨她脚插三

---

[1] 说唱人：赵元璋（满族）。转述人：赵茹芳（满族）。流传地区：北京西郊。搜集人：赵书（满族）。见博大公、季永梅等编：《满族民歌集》，辽宁民族出版社，1989 年，261 页。

[2] 说唱人：张贵（满族）。流传地区：吉林敦化。搜集人：李国钧（满族）。见博大公、季永梅等编：《满族民歌集》，辽宁民族出版社，1989 年，254 页。

尺泥，刮风她就倒栽葱。"①民歌《木底鞋》反映了满族人的审美观念。木底鞋是满族人民平时穿着的鞋子，与汉人的鞋相比，木底鞋要大。穿木底鞋走路稳，不怕风雨。而这种木底鞋是满族先民祖祖辈辈留传下来的。

另一首民歌《比小脚》更直观地说明满族人对大脚的称赞："你脚小，我脚小，坐在窗前比小脚。脚大好？脚小好？阿玛揪来乌拉草。捶它三棒槌，变得像皮袄。絮进靰鞡里，冷天不冻脚。小脚登，上山峰，跌了一个倒栽葱。鼻尖摔通红，眼眶磕曲青。扔了裹脚条，换上靰鞡草。穿上皮靰鞡，小脚变大脚。可在雪里站，能在冰上跑。回家对你额娘说，民装哪有天足好。"②《比小脚》说明满族人习惯大脚，穿靰鞡草鞋。大脚在冰天雪地里行走更为方便。而"能在冰上跑"又让人直接联想到天命十年（1625）太子河畔的跑冰戏。跑冰，本来就是适应冰雪环境的风俗习惯。民歌中穿着皮靰鞡的大脚，在冰面上毫无顾忌地奔跑，应该是跑冰戏的民间来源。

无论是木底鞋还是靰鞡草鞋，都是满族先民日常生活中最常见的鞋子。天命十年太子河上跑冰戏，参与人员穿着的鞋子很可能就是这种形制。

3. 与冰雪风俗娱乐相关

除了与冰雪运动、满族观念相关，还有很多描写冰雪风俗娱乐的满族民歌流传至今，反映了满族人民善冰雪的传统。

轱辘冰是现在仍然广泛流行在吉林东南部和辽东地区的民俗项目。传说轱辘冰和努尔哈赤有关。努尔哈赤当年率军攻打辉发部落。辉发部落的城池三面环水，一面背山，易守难攻。天寒地冻的环境里，士

---

① 说唱人：索桂芝（满族）。流传地区：吉林敦化。搜集人：李国钧（满族）。见博大公、季永梅等编：《满族民歌集》，辽宁民族出版社，1989年，65页。

② 说唱人：伊体仁（满族）。流传地区：吉林敦化。搜集人：李国钧（满族）。见博大公、季永梅等编：《满族民歌集》，辽宁民族出版社，1989年，64页。

兵们得了一种肚子疼的怪病。正月十五日的头一天夜里，努尔哈赤做了个梦，一个手持拂尘的仙人不断地重复一句话："正月十五轱辘冰，一年不会肚子疼。"于是，他命令士兵在正月十五日晚上去轱辘冰。说也奇怪，士兵在冰上一打滚，肚子真的不疼了。顺利攻克辉发城。后来，努尔哈赤下令所有满族人正月十五日这一天都要轱辘冰。轱辘冰的传说真实性已不可考，但冰雪环境下，身体容易受寒。因此，期盼冰天雪地中身体健康不得病成为人们最真诚的愿望。轱辘冰的风俗一直流传下来。在辽宁凤城一带有《一走去百病》的民歌，说的就是轱辘冰的民俗："轱辘轱辘冰，腰腿都不疼。一走去百病，是个老寿星。"[1] 正月十五日轱辘冰成为满族特有的冰雪娱乐，寄托了满族人民身强体健的美好愿望。

抽冰嘎是在北方流传非常广的冰上游戏项目。抽冰嘎和轱辘冰一样，本身和冰嬉活动并无直接关联。但这些冰上项目都是在同样的地理环境下，经过千百年的发展传承而形成的冰上运动项目，代表了满族先民善冰雪的风俗习惯。《打冰嘎》："小冰嘎尖又圆，一条鞭子打着转，一转二转连三转，转来转去看不见。"[2] 这首民歌流传在河北丰宁地区，这里是满族的聚居地，保留了很多满族旧俗。冰嘎是比较普遍的冬季冰上游戏，所以出现专门描写冰嘎的民歌。

《搬冰忙》反映了丰宁地区一个特有的冬季风俗——搬冰。"腊八过，搬冰忙。抬冰块，赛冰糖。树杈上，积粪场，圈窝旁，都摆上。不生瘟疫不生疮，来年粮食堆满仓。元宵节，搬冰忙。做冰灯，放光

---

[1] 说唱人：白世俊。流传地区：辽宁凤城满族自治县。搜集人：李炼。见博大公、季永梅等编：《满族民歌集》，辽宁民族出版社，1989 年，66 页。

[2] 说唱人：刘志红（满族）。流传地区：河北丰宁满族自治县。搜集人：刘福民（满族）。见博大公、季永梅等编：《满族民歌集》，辽宁民族出版社，1989 年，256 页。

芒。灯节挂在大门口，秧歌过来喜歌扬，小孩乐得随声唱。"① 腊八和正月十五日是两个搬冰的日子，腊八搬冰放在指定位置是为了防止瘟疫，而正月十五日搬冰是为了制作冰灯。搬冰的风俗与冰嬉也没有直接关系，但满族人民善于利用冰的特性用于生产，丰富日常娱乐。这些风俗和冰嬉都源于同一片的土地、同样的人群。在相似的环境里，产生相似的冰上娱乐项目也就顺理成章了。

---

① 说唱人：刘志红（满族）。流传地区：河北丰宁满族自治县。搜集人：刘福民（满族）。见博大公、季永梅等编：《满族民歌集》，辽宁民族出版社，1989 年，255 页。

第四节　与冰嬉有关的民间艺术

新宾满族剪纸作为中国剪纸艺术的重要组成部分，已被联合国列入《人类非物质文化遗产代表作名录》。新宾剪纸以满族的民间传说、民风民俗和生产生活为主要表现内容，特别反映了努尔哈赤在苏子河畔生活的萨满祭祀、骑射场景和冰上活动。剪纸不仅是民间艺术形式的传承，更是世代流传下来的历史记录，是满族文化的活化石。在新宾流传的剪纸艺术中，以满族冰雪文化为内容的剪纸流传十分广泛。据新宾满族剪纸传承人关淑梅介绍，新宾剪纸是剪、说、唱三位一体，概括来说是"剪纸剪民族之魂，唱八旗之音，讲古讲民族的悲欢好喜，传承我们的血脉之根"[1]。可见，满族剪纸与说唱艺术形式结合，将满族历史保存下来。从赫图阿拉城周边寻访剪纸作品，以冰雪活动为内容的作品十分普遍。虽然我们无法确知这些冰

---

[1] 李进：《浅析新宾满族剪纸民族文化——传承血脉之根》，《文化创新比较研究》2017年1期，123—124页。

雪活动的具体流行时间，但可以确定的是冰雪运动在赫图阿拉城周围有着悠久的流传历史。冰雪运动的历史与满族先民的风俗习惯密切相关。赫图阿拉与冰嬉盛典的渊源关系在民间艺术上也找到了有效的线索。

1. "乌拉草鞋脚上踹"

乌拉草鞋，又作靰鞡草鞋，是广泛流行在东北地区冬季御寒的鞋子。靰鞡草鞋用整块牛皮缝制，前脸收口缝制一圈皮褶，鞋口缝制耳子用来固定鞋带。靰鞡鞋底一般用两颗铁钉做跟掌，延长鞋子寿命，同时具有防滑效果。这与冰上"蹴鞠之戏"穿着带铁齿的鞋子十分相似。"蹴鞠之戏"中人们穿着的鞋子由满族传统服式发展演变而来。鞋里絮上柔软保暖的靰鞡草。靰鞡草鞋防寒防滑，最适宜在冰雪环境中穿着。新宾满族剪纸把靰鞡草鞋作为画面表现的主题，可见靰鞡草鞋早已成为满族特色服式的重要代表。靰鞡草鞋是满族人民冰雪环境中生产生活的必备穿戴。

2."单腿驴子溜的快"

单腿驴是一种流行在东北地区的冰上滑行工具,上半部是一块可以踩踏的木板底座,底座下木方中垂直镶嵌铁板。铁板长度与木底座的长度相当,高度3—5厘米。铁板与冰面接触的刀刃磨平。滑行时,双手持支撑杖,保持动态平衡滑行。20世纪五六十年代,单腿驴在冰上娱乐中还十分常见。单腿驴的滑行方式与文献记载的"骑木而行"有相似之处,可以反映满族的民间风俗,也可以反映冰上运动在东北地区的普及性和多样性。单腿驴和冰嬉都是满族先民在冰雪环境中发明创造的冰雪运动。在满族剪纸中表现单腿驴,可以说明满族在更早的时候已经广泛开展冰上运动了。

3. 冰上运动场景

除了上述两幅表现冰雪环境中穿戴和使用工具的剪纸以外,新宾满族剪纸中还有直接表现冰雪运动的场景。冰面之下,鱼虾在水中嬉戏。冰面之上，走向冰场的满族人，身穿满族传统服装，滑冰、抽冰嘎、拉爬犁。远处天空是漫天飞舞的雪花，雪花之下，隐约可见连绵的群山和山脚下的房屋。浅山下的河流，是满族人游戏的天然大冰场。这幅剪纸作品正好反映赫图阿拉城的自然地理环境和满族人的冰雪娱乐风俗。另一幅剪纸作品，同样是冰上嬉戏。除表现冰上场景之外，还有马拉爬犁的场景。赫图阿拉城周围的满族人，至今流传着在传统节日张贴冰上运动为主题的剪纸作品的民俗。冰雪运动的文化基因早已融入满族民俗文化之中，成为满族人世代相传的民族记忆。

结　语

　　冰嬉，是指萌芽于中国古代北方民族的冬季生产生活实践，形成于明末清初的传统冰上运动形式，包含多种运动项目。乾隆年间，冰嬉被乾隆皇帝钦定为"国俗"，并形成每年阅视的冰嬉制度。此后，"冰嬉"一词被宫廷和民间广泛接受，逐渐成为中国北方冰上运动的总称。

　　"冰嬉"一词起源于乾隆年间，乾、嘉二朝每年阅视冰嬉成为常例。道光中后期以后，宫廷冰嬉活动渐渐衰退以至取消。之后在光绪年间又曾短暂恢复。清末民初，随着西方现代冰上运动的进入，"冰嬉"一词渐渐被"溜冰""滑冰""冰上运动"等词取代。

　　乾隆十年（1745）形成的冰嬉盛典，是冰嬉制度形成的标志。由此向前追溯，康熙年间太液池上的"掷球之戏"、皇太极在崇德七年（1642）浑河河畔举行的"蹴鞠之戏"以及努尔哈赤在天命十年（1625）太子河畔举行的"跑冰戏"，可以组成一条冰嬉盛典清晰的历史发展脉络。其中，天命十年太子河畔的"跑冰戏"流程清晰、项目成熟、奖励明晰，显然不是冰嬉盛典的最初形态。

　　因此，清代冰嬉盛典的起源可以追溯到赫图阿拉城作为都城时期的后金政权。冰嬉起源于后金时期的赫图阿拉城，具有深厚的自然地理、军事、政治、制度、项目、民族和民俗方面的基础。"国俗"是代表满洲核心特征的风俗习惯。冰嬉属于国俗，说明冰嬉一定与满洲共同体的核心特征密切相关。所以追溯冰嬉盛典的起源就要上溯到满洲共同体的形成和发展阶段。

赫图阿拉城为都城时期的后金政权，是满洲形成的关键时期。在这里，努尔哈赤完成了对女真各部的统一战争，创建了以八旗制度为核心的社会组织，建立了以女真贵族为核心的后金政权。这些历史事件从客观上促进了满洲共同体的形成，也促进了满洲共有风俗习惯的形成与传播。冰嬉作为满洲旧俗，在满洲共同体形成过程中逐渐强化，最终成为清朝国俗。

从地理环境来看，赫图阿拉城背山面水，环绕城池的苏子河为冰上运动的开展提供天然冰场。从历史传统来看，北方民族从隋唐时期就有"善冰雪"的旧俗。满洲先民作为北方民族的重要组成，继承了"善冰雪"的传统。从政治制度来看，后金政权的建立是一系列宫廷庆典、礼乐制度、外交礼仪创立的政治基础。与冰嬉有关的跑冰和蹴鞠都流行于后金宫廷之中。后金宫廷庆典制度的源头在赫图阿拉城。从军事战争来看，努尔哈赤统一女真各部的多场战争都是在冬季进行的。冬季战争带给女真人丰富的冰雪经验，促进冰嬉中军事因素的形成。从民族形成的过程来看，冰嬉是清朝国俗，是满洲形成过程中的重要特征。赫图阿拉城时期是满洲共同体形成的重要阶段，冰嬉的起源与满洲共同体的形成有关。从民俗资料来看，在满族人中间广泛流传的《两世罕王传》记载冰嬉起源于苏子河畔。这代表了满族人民共同的心理认同。

综上，笔者认为清代冰嬉是满族先民在长期生产生活中创造的冰上运动。冰嬉盛典的起源时间在后金政权建立至迁都辽阳之前的范围之内，也就是天命元年（1616）至天命六年（1621）之间。冰嬉盛典的起源地点应该是后金政权的都城赫图阿拉城。

参考文献

图像资料

［清］金昆、程志道、福隆安等绘：《冰嬉图》，故宫博物院藏。

［清］张为邦、姚文瀚绘：《冰嬉图》，故宫博物院藏。

［清］姚文瀚绘：《紫光阁赐宴图》，故宫博物院藏。

［清］《崇庆皇太后万寿庆典》图，故宫博物院藏。

［清］郎世宁等绘：《马术图》，故宫博物院藏。

［清］傅恒等纂，门庆安等绘：《皇清职贡图》，乾隆十六年编，嘉庆十年增修，内府刊本。

［清］谢遂绘：《职贡图》，台北故宫博物院藏。

［清］钱维城：《画御制雪中坐冰床即景》，台北故宫博物院藏。

文献资料

［清］孙诒让：《周礼正义》，中华书局，1987年。

［汉］郑玄注，［唐］孔颖达疏：《礼记正义》，北

京大学出版社，2000年。

［晋］陈寿撰，［南朝宋］裴松之注：《三国志》，中华书局，1959年。

［唐］魏徵：《隋书》，中华书局，1973年。

［后晋］刘昫等：《旧唐书》，中华书局，1975年。

［宋］欧阳修、宋祁：《新唐书》，中华书局，1975年。

［元］脱脱等：《宋史》，中华书局，1977年。

［元］脱脱等：《辽史》，中华书局，1974年。

［元］脱脱等：《金史》，中华书局，1975年。

［明］宋濂等：《元史》，中华书局，1976年。

柯劭忞：《新元史》，艺文印书馆，1956年。

赵尔巽等：《清史稿》，中华书局，1976年。

［明］《明熹宗实录》，上海书店，1984年。

［清］《清实录》，中华书局，1985—1987年。

中国第一历史档案馆编：《乾隆帝起居注》，广西师范大学出版社，2002年。

金梁辑：《满洲秘档》，《近代中国史料丛刊》第十一辑，文海出版社，1966年。

中国第一历史档案馆、中国社会科学院历史研究所译注：《满文老档》，中华书局，1990年。

中国第一历史档案馆整理、编译：《内阁藏本满文老档》，辽宁民族出版社，2010年。

中国第一历史档案馆、香港中文大学文物馆编：《清宫内务府造办处档案总汇14》，人民出版社，2007年

国家图书馆出版社辑：《李朝实录》，国家图书馆出版社，2012年。

［明］朱权等：《明宫词》，北京古籍出版社，1987年。

［清］丹津班珠尔：《多仁班智达传》，中国藏学出版社，1995年。

《昭显沈阳日记》，见弘华文主编：《燕行录全编》第1辑第10册，广西师范大学出版社，2015年。

［唐］杜佑：《通典》，中华书局，1988年。

［宋］王溥：《唐会要》，中华书局，1955年。

［明］《万历重修明会典》，万有文库本，商务印书馆，1936年。

［明］刘若愚：《明宫史》，北京古籍出版社，1982年。

［清］清高宗敕纂：《清朝通典》，万有文库本，商务印书馆，1935年。

［清］清高宗敕纂：《清朝文献通考》，万有文库本，商务印书馆，1936年。

［清］昆冈等：《大清会典事例》，上海商务印书馆，1909年。

［清］托津等奉敕纂：《钦定大清会典（嘉庆朝）》，文海出版社，1992年。

［清］于敏中：《国朝宫史》，《近代中国史料丛刊》第五十四辑，文海出版社，1966年。

［清］王庆云：《熙朝纪政》，上海书局，1902年。

［宋］乐史：《太平寰宇记》，中华书局，2007年。

［元］孛兰肹等撰，赵万里校辑：《元一统志》，中华书局，1966年。

［清］阿桂等撰，孙文良、陆玉华点校：《满洲源流考》，辽宁民族出版社，1988年。

［元］周致中撰，陆峻岭校注：《异域志》，中华书局，1981年。

［明］刘侗、于奕正：《帝京景物略》，古典文学出版社，1957年。

［清］潘荣陛：《帝京岁时纪胜》（与《燕京岁时记》合本），北京古籍出版社，1981年。

［清］富察敦崇：《燕京岁时记》（与《帝京岁时纪胜》合本），北京古籍出版社，1981年。

［清］于敏中：《日下旧闻考》，北京古籍出版社，1985年。

［清］曹廷杰：《东三省舆地图说》，《辽海丛书》，辽海书社，1934年。

［明］任洛：《辽东志》，《辽海丛书》第一辑，辽沈书社，1985年。

［明］李辅：《全辽志》，明嘉靖四十五年修清初抄本，美国加利福尼亚大学伯克利分校藏。

［清］《乾隆盛京通志》，见凤凰出版社编选：《中国地方志集成·省志辑·辽宁》，凤凰出版社，2009年。

［清］杨镳纂修：《辽阳州志》，《辽海丛书》，辽海书社，1934年。

［清］西清纂：《黑龙江外记》，成文出版社，1969年。

万福麟监修，张伯英总纂：《黑龙江志稿》，黑龙江人民出版社，1992年。

［日］冈田玉山等编绘：《唐土名胜图会》，日本文化二年刊，北京古籍出版社，1985年。

［宋］沈括撰，胡道静校注：《新校正梦溪笔谈》，中华书局，1957年。

［宋］周密：《武林旧事》，中华书局，2007年。

［元］陶宗仪：《南村辍耕录》，中华书局，1958年。

［明］刘若愚：《酌中志》，北京古籍出版社，1994年。

［清］翟灏：《通俗编》，清乾隆十六年无不宜斋本。

［清］高士奇：《金鳌退食笔记》，商务印书馆，1936年。

［清］吴振棫：《养吉斋丛录》，中华书局，2005 年。

［宋］王应麟：《玉海》，《文渊阁四库全书电子版》，上海人民出版社，迪志文化出版有限公司，1999 年。

袁珂校译：《山海经校译》，上海古籍出版社，1985 年。

［清］纪昀、永瑢等：《文渊阁四库全书总目》，《景印文渊阁四库全书》，台湾商务印书馆，1986 年。

《台湾诗钞》，《台湾文献丛刊》第 280 种，台湾大通书局，1987 年。

［清］杨米人等著，路工编选：《清代北京竹枝词（十三种）》，北京古籍出版社，1982 年。

［清］清高宗：《乾隆皇帝御制诗》，中国人民大学出版社，2013 年。

［清］缪润绂：《沈阳百咏》，清光绪四年刻本。

［清］沈承瑞著，蒙秉书标注：《香余诗钞》（与《吉林纪事诗》合本），吉林文史出版社，1988 年。

故宫博物院编：《清史图典·乾隆朝》，紫禁城出版社，2002 年。

于又彦：《女真传奇》，时代文艺出版社，1989 年。

谷长春主编：《两世罕王传·王杲罕王传》，吉林人民出版社，2016 年。

毛宪民编：《深宫消闲术》，中央民族大学出版社，1994 年。

台湾三军大学编著：《中国历代战争史》，中信出版社，2013 年。

博大公、季永梅等编：《满族民歌集》，辽宁民族出版社，1989 年。

中国民间文艺研究会辽宁、吉林、黑龙江三省分会编：《满族民间故事选（第二集）》，春风文艺出版社，1983 年。

中国民间文学集成全国编辑委员会、中国民间文学集成辽宁卷编辑委员会：《中国民间故事集成·辽宁卷》，中国ISBN中心，1994年。

周西宽主编：《体育史》，人民体育出版社，1989年。

了国家体育总局体育文化发展中心、中国滑冰协会编：《中国滑冰运动史》，武汉出版社，2006年。

中国大百科全书总编辑委员会：《中国大百科全书·体育》，中国大百科全书出版社，1998年。

《体育辞典》编辑委员会编：《体育辞典》，上海辞书出版社，1984年。

《中国少数民族传统体育大全》编委会编著：《中国少数民族传统体育大全》，辽宁民族出版社，2017年。

罗竹风主编：《汉语大辞典》，上海辞书出版社，2008年。

夏征农、陈至立主编：《辞海》，上海辞书出版社，2010年。

韩丹：《宋代无冰嬉辨》，《哈尔滨体育学院学报》1991年1期。

韩丹：《宋代有冰嬉是讹传》，《体育文史》1991年2期。

张宝强：《宋代有无冰嬉考》，《2015第十届全国体育科学大会论文摘要汇编（一）》。

张宝强、陈彦：《对"宋代出现冰嬉说"的质疑与辨析》，《南京体育学院学报（社会科学版）》2016年1期。

晋卿：《有清一代的溜冰史和冰鞋》，《体育周刊》1932—1933年。

韩丹：《论我国古代滑冰的巅峰——清代冰嬉活动盛衰考述》，《哈尔滨体育学院学报》1997年1期。

李芬兰：《"冰嬉"运动源流论》，《学理论》2015年9期。

隋东旭：《从〈满文老档〉看清入关前满族宫廷体育》，《体育文化导刊》2018 年 4 期。

伊葆力、王禹浪：《拉林阿勒楚喀地区的满族民间文化活动》，《满族研究》2001 年 2 期。

高玉侠：《辽沈地区满洲文化资源分布描述》，《沈阳师范大学学报（社会科学版）》2005 年 2 期。

梁显辉、韩广义：《黑龙江满洲传统体育特性研究》，《科学技术创新》2011 年 28 期。

何纪红、张丙娜：《简述满族民歌特征》，《满族研究》2013 年 2 期。

彭迪、宋智梁、张良祥：《黑龙江省少数民族体育非物质文化遗产传承发展与实证研究》，《黑龙江民族丛刊》2016 年 4 期。

李进：《浅析新宾满族剪纸民族文化——传承血脉之根》，《文化创新比较研究》2017 年 1 期。

安依雯、曾慧：《满族旗鞋的形制与文化内涵研究》，《满族研究》2017 年 3 期。

贾琦、韩娟：《清代旗鞋形制与内涵探析》，《装饰》2017 年 12 期。

［苏］Э.М. 莫扎也夫、张荣祖：《中国东北自然地理区》，《地理科学进展》1957 年 4 期。

竺可桢：《中国近五千年来气候变迁的初步研究》，《考古学报》1972 年 1 期。

赵小龙：《气候和农业经济因素下的后金（清）的崛起》，陕西师范大学硕士学位论文，2016 年。

刘潞：《"骈庆"：崇庆皇太后〈万寿图〉第三卷卷名考析》，《故宫博物院院刊》2015 年 6 期。

李向东、温树璠：《赫图阿拉城形态研究》，《辽海文物学刊》1996 年 1 期。

内蒙古文物考古研究所：《和林格尔汉墓壁画》，文物出版社，2007年。

后 记

　　白山黑水是我的家，多年来我一直希望为这片黑土地做点儿什么。偶然间，我看到太液池上的冰嬉健儿冰上竞技，忽然觉得冰嬉和我一样，都是白山黑水的游子。让冰嬉回家，是我最初的执念。而当论证工作开始之后，我才发现回家是一件多么不易的事情。

　　在爬梳史料的过程中，我发现涉及清军入关前的历史记载虽然数量众多，但是与冰雪运动直接有关的记载却是少之又少。从哪些角度可以证明冰嬉诞生在白山黑水之间，竟成为无法落地的问题。冰嬉溯源的论证，间接证据远多于直接证据，使我一次次陷入纠结之中。直到现在，让冰嬉回家的目标也没有完全实现。我只能说，冰嬉盛典作为清朝国俗，最有可能诞生在后金时期的赫图阿拉城。显然，这样的结论不能让我满意。让冰嬉回家的工作仍在继续，我相信随着对冰雪历史文化的研究逐渐深入，有关冰嬉历史的脉络会越来越清晰。

　　很高兴在探索传统冰雪运动历史的过程中结识了许多同路人。感谢国家体育总局的郭磊先生。与郭磊先生的多次对谈，增进了我对冰嬉运动的认识。感谢新宾满族自治县文体局的刁威局长。每次回乡调研，刁威先生都不遗余力，倾囊相助。感谢抚顺市政府和抚顺市体育局对冰嬉溯源论证的大力支持。关心冰雪运动的力量越来越多，探索传统冰雪历史文化的事业才刚刚开始。

冰嬉溯源，未完待续。